HISTOIRE

DE LA VIE ET DU MARTYRE DES SAINTS JAPONAIS

PAUL MIKI, JEAN SOAN DE GOTO ET JACQUES KISAÏ

DE LA COMPAGNIE DE JÉSUS.

HISTOIRE

DE LA VIE ET DU MARTYRE

DES

SAINTS JAPONAIS

PAUL MIKI, JEAN SOAN DE GOTO ET JACQUES KISAÏ

De la Compagnie de Jésus

BIBLIOTHÈQUE IMPÉRIALE

RÉSUMÉE

PAR LE P. JOSEPH BOERO

DE LA MÊME COMPAGNIE

ET TRADUITE DE L'ITALIEN EN FRANÇAIS.

TOULOUSE

TYPOGRAPHIE DE BONNAL ET GIBRAC,

RUE SAINT-ROME, 44.

1863.

NOTE DU TRADUCTEUR.

Nous présentons à la piété des fidèles la traduction d'un ouvrage italien, composé par le P. Boero, de la Compagnie de Jésus.

C'est une histoire abrégée de la vie et du martyre qui ont mérité à trois humbles religieux de son ordre, Paul Micki, Jean Soan de Goto et Jacques Kisaï, tous Japonais, la gloire du ciel et même celle de la terre.

Ils appartiennent à la vénérable phalange des vingt-six confesseurs fils de J.-C., crucifiés aux portes de Nangazaki et récemment promus aux honneurs de la canonisation dans les majestueuses fêtes pour la célébration desquelles Sa Sainteté Pie IX avait réuni autour de la chaire de saint Pierre la majorité des évêques catholiques.

L'auteur de ce livre, usant d'un droit bien légitime, a voulu raconter à part les luttes et les souffrances de ses frères, quoiqu'il lui fût impossible de ne pas comprendre plus ou moins dans son récit leurs autres compagnons. C'est pourquoi on trouvera dans ses pages la répétition de plusieurs faits consignés dans les livres qui ont déjà paru et qui ont embrassé l'histoire de nos vingt-six héros chrétiens.

Cependant le P. Boero a réuni, soit sur les martyrs de la Compagnie, soit sur les martyrs franciscains et japonais, des détails qu'il pouvait plus sûrement et plus facilement se procurer. Il était à la source des renseignements. Rome est l'arche de l'histoire comme de la vérité et de la sainteté.

Nous nous sommes appliqués à faire passer dans notre langue ce que nous venons de lire avec le plus grand intérêt.

Puissent les âmes ferventes qui liront notre narration, se sentir pénétrées de plus de confiance encore en la protection de nos saints martyrs, d'une admiration plus vive pour leur courageuse fidélité et d'un désir plus ardent d'imiter leurs héroïques vertus ! Ce serait pour notre travail une bien douce bénédiction.

PRÉFACE DE L'AUTEUR.

Pour plus grande clarté, je divise cette courte histoire en deux parties : la première, sera consacrée à l'histoire de chaque saint en particulier, d'après les récits anciens, exacts et plus ou moins détaillés que Nieremberg, Alegambe, les Bollandistes et autres écrivains nous ont laissés.

La seconde partie comprend l'exposé des circonstances qui firent éclater la persécution et des faits du martyre. Pour cela, je n'ai eu qu'à copier, en l'abrégeant, la belle et élégante narration du P. Daniel Bartoli dans son histoire du Japon.

Aussi, ai-je eu soin dans le titre même de l'ouvrage d'avertir que c'était une copie, un résumé. Car si ces pages offrent quelque intérêt, je m'empresse de déclarer que le mérite en revient tout entier à l'habile écrivain que je viens de nommer. Je n'insisterai pas sur la véracité et la fidélité du récit : il est extrait des enquêtes judiciaires qui furent faites et rédigées officiellement par ordre de la Sacrée Congrégation des Rites, et de la cour d'Espagne, et des lettres ou rapports authentiques qui furent expédiés du Japon à Rome par des chrétiens, témoins eux-mêmes des faits, ou qui en étaient parfaitement informés. L'original de ces pièces se conserve dans nos archives.

Que Notre Seigneur daigne jeter un regard de compassion sur les malheureux peuples du Japon, et féconder de nouveau le sang de plus d'un millier de martyrs qui, au milieu de tourments atroces, inouis, défendirent généreusement sa religion. L'apôtre de l'Orient, saint François-Xavier, l'avait glorieusement établie dans ces contrées infidèles : elle s'était bien répandue dans tout le royaume, et puis une furieuse persécution l'a tout-à-coup étouffée et comme anéantie.

PREMIÈRE PARTIE.

VIE DES TROIS SAINTS MARTYRS.

CHAPITRE I.

VIE DU F. MARTYR PAUL MIKI. — SA PATRIE, SA NAISSANCE ET SES PREMIÈRES ANNÉES.

Le Japon, découvert par les Portugais en 1542, est un groupe d'îles, rapprochées les unes des autres, et communiquant entre elles par des canaux que forme la mer. Les plus grandes de ces îles sont au nombre de huit, parmi lesquelles, trois plus considérables que les autres, dépassent en étendue l'Italie entière. La principale, appelée Nifor par ses habitants, Ipon par les Chinois, et Japon par les Européens, donne son nom à tout l'ensemble de l'archipel.

Le Japon était d'abord une monarchie. L'autorité était dévolue à un chef unique, désigné sous le nom de *Dairi*. Les gouverneurs des provinces s'étant ensuite révoltés, l'empire se décomposa en soixante-six ou soixante-huit petits royaumes, jusqu'à ce que, un peu avant 1571, Nobunanga, de petit roi de Neari, s'empara, par la force de ses armées, de trente-cinq principautés. Fasciba, son successeur, réunit tout le Japon en un seul état monarchique, comme nous le voyons aujourd'hui.

Or, c'est dans ce même Japon que naquit, en 1564, notre saint martyr Paul Miki, dans le royaume de Giamascir, contigu à Méaco, alors résidence royale et capitale de l'Empire. Les catalogues envoyés à Rome par le P. Provincial de cette époque, dissipent toute incertitude à cet égard. Son père, Miki Fandoidono, preux et noble chevalier, issu d'un sang illustre, était en grande faveur auprès de l'empereur Nobunanga, au service duquel il s'était engagé. Sa mère avait reçu au baptême le nom de Marie : elle était d'une noblesse égale à celle de son mari : car, chez les Japonais, aucun mariage ne serait toléré entre gens de caste différente. Il est probable que pendant leur séjour à Méaco, ils connurent les Pères de la Compagnie de Jésus; en 1568, ils embrassèrent tous les deux la religion catholique et lui furent fidèles jusqu'à la mort.

La même année, leur fils reçut avec le baptême le glorieux nom de Paul. Il avait alors cinq ans. En prenant possession de cette âme d'élite, la grâce divine la protégea contre les périls de l'enfance, périls effrayants dans un royaume tout idolâtre, où le vice, l'immoralité surtout, infectent même le berceau. Mais sous la tutelle de son bon ange et la direction de ses parents, le jeune Paul, en avançant dans la vie, croissait encore plus dans la crainte de Dieu ; il se faisait remarquer par une modestie, une ferveur bien au-dessus de son âge. Sa docilité, la douceur de ses manières, les charmes de sa figure en faisaient l'ornement de sa famille.

Les soins domestiques, et plus encore les assujettissements de la cour et de l'armée, ne permettaient pas aux parents de Paul de soigner son éducation comme ils l'auraient voulu ; c'est pourquoi ils le confièrent au P. Organtin Soldi. Ce Père résidait à Méaco. C'était réellement le père de toute la chrétienté japonaise ; sa vie était celle d'un saint religieux : Brescia peut se glorifier d'avoir été sa patrie, comme la Compagnie de Jésus de lui avoir servi de mère. Envoyé au Japon sur ses propres instances, il y passa trente-sept ans dans les rudes labeurs de l'apostolat. Paul avait alors onze ans : son digne instituteur se plut à former un élève de si belles espérances : il le retint auprès de lui, jusqu'à ce qu'il pût le placer avec d'autres jeunes gens, également nobles, dans un séminaire, qu'il fonda au grand profit de la religion, dans ces contrées infidèles.

CHAPITRE II.

ÉDUCATION DE PAUL AU SÉMINAIRE D'ANZUQUIAMA.

Anzuquiama était une place forte que l'empereur Nobunanga avait construite, en vue d'immortaliser son nom, dans un emplacement des plus agréables, sur les confins du royaume de Neari, à quatorze lieues de Méaco. Les fidèles de cette dernière ville, persuadés que la religion en retirerait de grands avantages, avaient insisté auprès des Pères pour qu'ils ouvrissent une église et une école dans cette nouvelle cité ; les princes et les barons de plus de trente royaumes soumis à Nobunanga s'y réunissaient une partie de l'année. Ils proposèrent au

P. Organtin d'en faire la demande à l'empereur, dont le bon vouloir pour le Père et pour la religion devenait de plus en plus sensible. Le Père, après avoir imploré le secours d'en haut par de ferventes prières, adressa en effet sa requête à Nobunanga : le succès dépassa ses désirs. Indépendamment d'une assez forte somme d'argent, l'empereur lui donna le terrain qu'il voulut choisir lui-même, en face de son palais. Grâce à cette munificence, le P. Organtin fit construire à Méaco une grande maison en bois ; et avec l'aide des chrétiens, joyeux de concourir à une si bonne œuvre, il la fit transporter à Anzuquiama. Il y installa les vingt-cinq élèves qu'il avait déjà reçus des meilleures familles, pour son séminaire. Paul en faisait partie. Ce petit troupeau s'accrut rapidement : plusieurs enfants de sang royal furent admis. Sous la conduite d'habiles maîtres, ils commencèrent leurs études de latin et de japonais, tout en se donnant aux pratiques de piété. Telle était même la réputation de vertu acquise par nos pensionnaires, que plusieurs princes se faisaient un plaisir de leur rendre visite, discourant avec eux et avec leurs directeurs des choses de Dieu et du salut. Lorsqu'ils traversaient les rues, en bandes de deux à deux, le peuple faisait foule sur leur passage, étonné et édifié de leur tenue aussi modeste que distinguée. L'empereur lui-même, quoiqu'habitué à se renfermer dans l'étiquette sévère de sa dignité, aimait à venir au séminaire, avec une suite peu nombreuse : il se mêlait parmi ces jeunes gens avec une familiarité dont il n'usait pas auprès des seigneurs, se prêtant avec une extrême complaisance à leurs séances musicales et littéraires. Deux élèves se firent remarquer parmi leurs condisciples et rendirent ensuite des services signalés à la religion : Jérôme, fils du roi de Funiga, et neveu de François, ce saint roi de Bungo, puis notre Paul Miki. Jérôme avait été désigné pour se rendre à Rome en qualité de premier ambassadeur, et prêter le serment d'obéissance au Saint-Siége. Mais ne pouvant arriver à temps au port de Nangazaki, où le navire allait mettre à la voile, il fut remplacé par son cousin Ito Monico. Ses études finies, il embrassa la carrière des armes et s'illustra sur plusieurs champs de bataille. Mais sa mémoire fut surtout chère à l'Eglise du Japon : il l'édifia par d'admirables exemples de vertu et par une constance dans la foi, qui ne se démentit jamais jusqu'à la mort.

Plus doux de caractère, Paul montra de suite un goût prononcé pour l'état ecclésiastique. Ses progrès dans les lettres et la piété secondaient l'intention, bien arrêtée chez lui, de se consacrer à Dieu, dans le ministère de la prédication évangélique, pour convertir des âmes; ce qu'il exécuta. Aussi le collége noble d'Anzuquiama, n'eût-il produit, dans sa courte durée, que ces deux fervents disciples de Jésus-Christ, aurait amplement payé sa dette à l'Eglise du Japon.

CHAPITRE III.

DANGERS QUE LA DISSOLUTION DU COLLÉGE FAIT COURIR A LA VIE DE PAUL. — SES ÉTUDES DANS D'AUTRES SÉMINAIRES.

Il y avait à peine deux ans que Paul résidait à Anzuquiama, lorsqu'éclata une révolution qui bouleversa tout et mit la vie de Paul et de ses condisciples dans le plus grand péril. Acheci, chef de dix petites principautés, poussé par l'ambition, se révolta contre Nobunanga, envahit Méaco à la tête de ses plus braves troupes, assiégea l'empereur dans son palais, et pénétra même dans l'intérieur avec une poignée de conjurés. Nobunanga, blessé dans l'attaque, se cacha dans un appartement dérobé, et pour ne pas tomber, après sa mort, au pouvoir de l'ennemi, il mit le feu au palais et se fendit le ventre. Maîtres de Méaco, les rebelles coururent à Anzuquiama. La garnison du fort ayant de suite traité avec eux, la place dut se rendre à discrétion. Les soldats, répandus dans les rues, y mettant tout à feu et à sang, eurent bientôt fait de la ville une vaste ruine. Les nôtres étaient à la merci de leurs coups. Le P. Organtin emmena en toute hâte Paul et les autres élèves sur le bord du lac qui baigne le fort, et les cacha de son mieux dans une petite barque. Hélas ! c'était sortir d'un danger pour en rencontrer un autre plus grand. Ils avaient fait marché pour la traversée avec un voleur païen, déguisé en batelier. A Makimosxima, petite île distante de six milles, le brigand les trahit, s'empara de leurs effets et de leur argent, et se préparait à les jeter dans une autre île inhabitée pour les massacrer impunément. Mais le secours de Dieu fut plus prompt que le mouvement de la barque. Un seigneur chrétien, monté sur un canot armé, et qui avait deviné les méchants projets du prétendu batelier, fondit à l'improviste et sauva les vingt-huit passagers. Il les déposa à Sacomoto : un fils d'Acheci, par un bonheur inespéré, leur délivra un passeport et leur fournit un guide, à l'aide duquel, après mille dangers, ils se réfugièrent à Méaco.

Paul, au milieu de tous ces désastres, fit admirer son

calme et son courage. Il lui était facile de se retirer chez ses parents, mais il préféra, par amour de Jésus-Christ, suivre la fortune des Pères, étant d'ailleurs résolu à embrasser leur institut. Son séjour à Méaco ne fut pas long. Douze jours après la mort de Nobunanga, le traître Acheci fut défait et tué par Fuste Recondono, prince de Tagatzuki et fervent chrétien. Sur les offres de ce seigneur, le séminaire fut transféré dans ses domaines. Paul reprit donc à Tagatzuki le cours de ses études, mais en s'appliquant de préférence à l'étude de la religion et aux exercices du ministère apostolique. Les Pères, au reste, dans l'éducation de la jeunesse, visaient à former des catéchistes, des clercs, des religieux et des prêtres, pour les employer plus tard à la direction des âmes et à la réfutation des nombreuses erreurs que chaque secte tendait à propager. Parmi leurs professeurs se trouvait un scholastique japonais, Frère Vincent, joûteur subtil dans les discussions, familiarisé à tous les sophismes dont les Bonzes, prêtres des idoles, composaient leur prétendue théologie. Les docteurs des écoles les plus renommées venaient conférer avec lui, et plusieurs, désabusés de leurs erreurs, embrassaient le christianisme et reparaissaient dans leur pays, apôtres des vérités dont ils venaient de se constituer les disciples. Paul fit connaître en son temps combien il avait profité à pareille école. Il devint à son tour un des plus solides apologistes et des plus brillants orateurs que la Compagnie ait eus au Japon. Mais dans l'intervalle, soit à Tagatzuki, soit à Arimo où les orages politiques portèrent le séminaire, il accompagnait fréquemment les Pères dans leurs missions, catéchisant les néophites, soutenant des luttes publiques contre les païens et les bonzes, étant même invité à prêcher dans notre église, ce dont il s'acquittait avec un talent et une grâce supérieure à son âge.

CHAPITRE IV.

ENTRÉE DE PAUL DANS LA COMPAGNIE DE JÉSUS. — ON L'APPLIQUE AUX SCIENCES SACRÉES ET PROFANES.

Une âme si bien cultivée n'appartenait pas au monde. Il y avait longtemps que Paul aspirait à être fils de saint Ignace. Il assiégeait les supérieurs de ses incessantes demandes. Mais ceux-ci les ajournaient par prudence. Il ne leur paraissait pas urgent d'admettre, dans leur Compagnie, les Japonais et surtout les néophytes de cette nation, avant de les avoir longuement éprouvés et de les avoir essayés plusieurs années, sous leurs yeux, dans l'office de catéchiste. Paul méritait une exception. Il avait reçu le baptême dès sa plus tendre enfance : il avait été élevé au séminaire. Nos Pères l'avaient vu grandir au milieu d'eux. Son père à lui, Faidondono venait de périr glorieusement, cette année même, 1586, en défendant le drapeau de François, roi de Bungo, contre Satzuma. Tant de motifs réunis décidèrent son admission. Il entra au mois d'août dans la maison du noviciat dite la Toussaint, près de Nangazaki : il avait vingt-deux ans. Dans cette retraite, son unique soin fut de s'appliquer à acquérir les solides vertus si nécessaires pour supporter les fatigues, les souffrances et les dangers qui surabondaient dans la difficile mission du Japon. Onze mois ne s'étaient pas écoulés qu'il eut l'occasion de faire ses premières armes. Cambunedono s'était adjugé l'empire, après le décès de Nobunanga. Un bonze jaloux et méchant s'empara de son esprit et changea tout-à-coup en une haine violente la bienveillance qu'il avait jusqu'alors témoignée en faveur du christianisme. Il fit publier un décret qui condamnait à l'exil tous les ministres du saint Evangile. Les Pères de la Compagnie étaient les seuls; ils ne dépassaient guère le nombre de cent vingt, sans comprendre toutefois les catéchistes qui vivaient avec eux. Le P. Gaspar Coeglio, vice-provincial, après en avoir délibéré avec le roi de Bungo et les autres princes chrétiens, sur l'avis des plus anciens missionnaires, afin de ne pas irriter davantage le barbare Cambunedono, réunit en plein jour, comme pour un départ général, la majorité de ses religieux, au port de Firando. Mais au lieu de les embarquer, il leur fit prendre l'habit japonais et les distribua secrètement sur divers points, leur prescrivant les mesures qui lui parurent les plus sages pour administrer, sans se mettre en évidence, une chrétienté qui comptait plus de cent cinquante mille âmes. Les Pères se dispersèrent donc, les uns à droite, les autres à gauche, selon la sûreté des lieux. Paul et ses compagnons du noviciat furent cachés à Arie, petit domaine au-dessus d'Arima.

Ses deux ans d'épreuve achevés, il prononça les trois vœux de religion, au mois d'août 1588, et fut envoyé à l'île d'Amacusa, où, sous la protection du roi Jean, nous avions un florissant collége pour nos scholastiques. Paul revint sommairement sur les études qu'il avait faites dans les autres séminaires, et, comme il avait l'esprit prompt et facile, il passa au cours de philosophie et de théologie : il s'adonna plus particulièrement à la lecture des livres où les milliers de sectes qui fourmillent au Japon ont consigné leurs monstrueux systèmes, prenant note de leurs grossières contradictions, les réfutant dans des traités spéciaux dont il devait ensuite tirer un parti si victorieux contre les bonzes et les païens.

CHAPITRE V.

MISSIONS ET PRÉDICATIONS DE PAUL.

Pourvu, à la suite de ses études, de deux trésors indispensables à l'apôtre, la science et la sainteté, Paul se voua entièrement au salut des âmes. Il possédait sa langue en perfection. Les dialectes populaires, le style des classes élevées lui étaient familiers. La propriété des mots, l'élégance des phrases, la pureté d'accent, écueil où échouent la plupart des étrangers, même après plusieurs années de travail soutenu, tout secondait son zèle. Il avait un débit naturel, un talent de bien dire qui lui était propre, et toutes ces qualités, il les rehaussait par un charme de piété et de modestie si captivant qu'on ne pouvait l'entendre sans être convaincu et touché. Il débuta par l'office de catéchiste auprès des néophytes : on le nomma ensuite prédicateur. Le premier théâtre de son apostolat fut le Ximo, c'est-à-dire les provinces et les îles méridionales, mais principalement le royaume d'Arima, le royaume d'Omura où les chrétiens étaient nombreux. Il fut ensuite dirigé sur le nord, parcourant plusieurs royaumes, jusqu'à Méaco et pénétra même à deux cent milles plus loin, jusqu'aux limites du Japon. Il avait toujours avec lui un ou plusieurs prêtres de la Compagnie. Prêcher, catéchiser, discuter, préparer au baptême, c'était son lot. Les Pères confessaient, célébraient la Sainte-Messe, conféraient les sacrements, assistaient les malades. Quelles fatigues, quelles épreuves et quels dangers leur attiraient des voyages aussi longs et par des routes aussi mauvaises ! c'est plus facile à concevoir qu'à décrire. Mais l'abondante moisson qu'il faisait lui rendait ces travaux doux et aimables. On sait en quelle affection et estime, les seigneurs païens l'avaient pris, combien il en convertit à Jésus-Christ, surtout dans le royaume des Maures. Les lettres écrites de ces provinces nous apprennent que dans l'espace de quarante-cinq ans, compris entre les prédications de saint François-Xavier et celles de Paul Miki, la foi n'avait pas fait autant de conquêtes parmi les nobles et parmi le peuple, qu'elle en fit depuis 1593 jusqu'en 1595. Or que notre saint martyr eût une grande part à ces brillants succès, c'est ce qui nous est confirmé non seulement par le témoignage des Pères de la Compagnie, mais par celui du P. Marcel Ribadeneyra, franciscain, qui connut personnellement au Japon Paul Miki : la voix commune, écrivait-il, attribuait au jeune missionnaire le plus grand nombre des conversions faites à cette époque.

Du reste, un seul fait, dont le souvenir s'est perpétué jusqu'à nous, prouve l'énergie et l'ascendant de sa parole. Dans la ville d'Ozaca, on conduisait un jour à la potence un malfaiteur coupable de divers crimes. Paul se présenta tout-à-coup devant l'escorte. Inspiré par le désir de procurer la vie éternelle à un malheureux, sur le point de perdre la vie du temps, il fend la foule des curieux et des soldats, et se plaçant à côté du condamné, et tout en montant avec lui, lui parle avec chaleur des châtiments éternels réservés à ceux qui refusent d'adorer le vrai et unique Dieu des chrétiens, de la nécessité de croire en Jésus-Christ et d'être baptisé, pour sauver son âme. Paul l'instruisit autant que le permettait le court trajet qui restait à faire, le régénéra dans les eaux du baptême, lui fit bénir la terrible expiation imposée à ses attentats et assura à ce supplicié, comme tout porte à le croire, son admission immédiate dans le ciel.

CHAPITRE VI.

OUVRAGES ÉCRITS PAR PAUL ET IMPRIMÉS POUR LA DÉFENSE DE LA RELIGION.

Au mérite d'orateur, Paul joignait celui d'écrivain. Ses ouvrages servirent beaucoup à la propagation de la foi. Versé, comme nous l'avons remarqué, dans tous les secrets de la langue japonaise, et de ses différents dialectes, initié à la théologie des Bonzes, il composa divers ouvrages de controverse, dans lesquels son style élégant mettait plus en relief la vanité des idoles, la fausseté des sectes : les opposant aux doctrines de l'Evangile, il faisait voir qu'elles ne sont qu'un amas de fables, d'absurdités, d'incohérences et de principes que la raison répudie et que repousse l'honnêteté naturelle. On réduisait alors à douze les principales sectes qui infestaient le Japon. Chacune avait écoles, docteurs, temples, idoles, prêtres et prêcheurs. Paul les réfuta toutes à la fois, en réfutant le Fochius, espèce de livre canonique au Japon, ouvrage de Xiaca, divinité la plus vénérée dans tout le pays. Ces divers traités furent répandus d'abord en manuscrits. Puis, le P. Valegnani, visiteur de l'Orient, ayant introduit l'imprimerie, les livres du F. Paul parurent en beaux caractères. Ils furent les premiers produits de la presse, dans le royaume, comme Paul y fut le premier apologiste de notre religion. Aussi figure-t-il dans la bibliothèque de nos écrivains comme auteur de théologie polémique. Dans les actes de sa canonisation, il est déclaré expressément que ses ouvrages ont gagné un très grand nombre d'âmes à la foi, en étendant l'action de son zèle dans les lieux où il ne pouvait se rendre en personne et jusques après sa mort parmi les générations à venir.

CHAPITRE VII.

COURT EXPOSÉ DE SES VERTUS RELIGIEUSES.

Le zèle avec lequel Paul Miki soit par ses discours, soit par ses écrits, s'employait à dilater le royaume de Jésus-Christ et à sauver les Japonais, était puissamment secondé par l'exemple de ses vertus. Nous en parlerons brièvement. La présence de Dieu n'était pas gênée chez lui par les distractions du ministère : sa conversation n'était même qu'un exercice de cette présence. Au retour de ses pénibles missions, il se reposait dans la retraite, comme le P. visiteur l'avait recommandé, et retrempait son âme dans l'oraison et la pénitence. Autant sa tenue était grave et modeste, autant sa physionomie était prévenante. Il s'y répandait même un charme si particulier, que les bonzes, les païens, les gens les plus revêches et les plus hostiles à la religion étaient contraints de l'estimer et de l'aimer : c'est ce qu'ont affirmé plusieurs témoins.

Le vice le plus général et le plus enraciné au Japon, c'est la fourberie. Je trouve dans ce pays, des défauts insupportables, écrivait le P. Valegnani au T. R. P. général; c'est d'avoir à traiter avec des gens qui ont sur leurs lèvres ce qu'ils n'ont pas dans leur cœur. C'est pourtant à cela que les Japonais sont façonnés, dès le bas âge, les nobles encore plus que le peuple. Ils font du mensonge une vertu et de la tromperie un honneur, afin que personne ne sache, ni ce qu'ils pensent ni ce qu'ils veulent. Paul était tout l'opposé ! L'innocence de sa conscience comme la candeur de son âme transpiraient dans son langage. La droiture était son caractère ; il resta simple comme un enfant. Insouciant pour sa santé, il l'exposait partout où le bien des âmes le demandait. Sa patience s'élevait au-dessus des contrariétés et des souffrances inséparables de l'apostolat, surtout en temps de persécution. Nous menons ici une vie, écrivait un Père de sa mission, semblable, Dieu en soit béni, à celle que l'apôtre dépeint : *In melotis, in pellibus caprinis, egentes, angustiati, afflicti,* errants à travers les bois, dans les ravins, blottis dans des cavernes, voyageant une partie de la nuit, l'autre partie administrant nos chrétiens; le jour, en fuite ou cachés, voilà notre existence. Ce fut tout-à-fait celle de Paul, pendant plusieurs années, sous la première persécution de Taicosama. Je terminerai par le bel éloge que F. Marcel Ribadeneyra, dont il a été déjà question, a consigné sur notre bienheureux Paul, dans son histoire de l'Archipel. Je l'ai connu, écrit-il; c'était un modèle de silence et de modestie.

Tout ce qu'on voyait chez lui montrait quels progrès dans la perfection religieuse il avait faits, dans les onze années qu'il vécut sous la discipline de la Compagnie. Les chrétiens le regardaient comme un prédicateur de premier mérite; ils s'accordaient tous à reconnaître que le plus grand nombre des conversions étaient dues à son zèle ardent qu'il faisait paraître et par ses paroles et par le sentiment qui débordait de tout son être. Les Pères de la Compagnie estimaient en lui l'ouvrier humble et infatigable, ne voulant que le salut des âmes et son propre avancement dans les vertus.

Paul touchait à sa trente-troisième année : il devait être ordonné prêtre par le P. Martinez, alors évêque du Japon, où il était arrivé en 1596. Mais Dieu en avait disposé autrement. Ce n'était pas un prêtre, c'était une victime qu'il s'était préparée dans notre missionnaire; et cette victime devait être immolée sur une croix. Au lieu de le consacrer, son évêque viendrait le vénérer martyr, dans la même ville de Nangazaki, comme nous le raconterons, après que nous aurons donné la notice de nos deux autres saints.

CHAPITRE VIII.

VIE DU SAINT MARTYR JEAN SOAN DE GOTO : SA PATRIE, SA NAISSANCE ; SON EXIL VOLONTAIRE EN COMPAGNIE DE SES PARENTS, POUR LA FOI.

A cinquante lieues environ de Firando, vers le couchant, pointe un groupe de cinq îles, si rapprochées les unes des autres, que le bras de mer qui les sépare n'a pas un mille de largeur. C'est le royaume de Goto, terroir maigre et stérile, quoique les eaux de source y abondent. Les bois et les broussailles le couvrent en grande partie : la population en est pourtant considérable, les Japonais n'étant pas très exigeants pour planter leur tente quelque part. La plaine et la crète des montagnes sont garnies de places fortes. Ocica èst la capitale : elle est bâtie au bord de la mer : elle a une rade sûre et des alentours très agréables. La foi leur fut enseignée par deux de nos frères, catéchistes, Louis Almeida, portugais, et Laurent, japonais. Après eux, vinrent les Pères Jean-Baptiste Menti de Ferrare, Alexandre Valla de Reggio, en Lombardie, et Joseph Fornaletti, vénitien. Ce dernier mourut empoisonné, en haine de la religion qu'il prêchait. La conversion du prince Louis entraîna celle des insulaires.

Dans l'une de ces îles, naquit en 1578 notre saint et jeune martyr Jean ; ses parents étaient, je crois, parmi les premiers que F. Almeida avait gagnés à Jésus-Christ. Soan était le nom de famille ; mais d'autres catéchistes le portant, Jean est presque toujours désigné par celui de son pays, Jean de Goto. Ses parents l'élevèrent dans la piété. Il reçut l'instruction religieuse des Pères de la Compagnie, qui évangélisaient son île. La crainte de Dieu, l'habitude des vertus se développèrent chez lui plus vite que les années.

Après la mort du prince Louis, un de ses frères, païen forcené, profitant de l'interrègne, enleva à main armée la couronne au successeur légitime, enfant au maillot, baptisé aussi du nom de Louis. Non content de cette usurpation, sur les instigations des bonzes, il se déclara ardent persécuteur de la religion. Plusieurs familles, riches et nobles, furent contraintes de s'exiler, pour conserver leur liberté de conscience. La famille Soan fut de ce nombre. Elle se réfugia à Nangazaki, ville presque toute chrétienne, assise sur les bords de la mer, au fond du royaume d'Omura. La Compagnie y avait église et école, en vertu d'un second rescrit de Taicosama, qui voulait ménager les Portugais venant des Indes et de la Chine échanger dans ses ports leurs produits commerciaux. Jean trouva à Nangazaki plus de ressources pour sa sanctification. Aussi fit-il d'admirables progrès, et la meilleure preuve qu'il en donna fut de quitter le monde, pour se consacrer à Dieu.

CHAPITRE IX.

JEAN SOLLICITE SON ADMISSION DANS LA COMPAGNIE. — IL EST REÇU CATÉCHISTE. — CÉRÉMONIE DE CETTE RÉCEPTION. — TRAVAUX DE JEAN SOUS LE P. DE MONRECON.

Les relations continuelles de Jean avec les Pères excitèrent en lui un vif désir de les imiter. Il était dans sa quinzième année, lorsqu'il se présenta au P. vice-provincial, pour entrer dans la Compagnie. Sa requête fut en partie exaucée : on l'admit comme catéchiste, c'était le premier degré ou expériment, avant l'admission réelle. Pour avoir une idée juste de l'estime et de l'importance que nos Pères avaient inspirées pour les fonctions de catéchistes ou dogiques, désignation japonaise, il faut savoir qu'on les conférait avec des cérémonies particulières, en grande pompe, comme s'il se fût agi d'une ordination ou d'une vêture religieuse. On choisissait des enfants ayant au moins dix ans, ou des jeunes gens, ou même des hommes mûrs, pourvu qu'ils vécussent célibataires, bien connus par leur conduite édifiante et leur capacité intellectuelle; et ils devaient, en se vouant au service de Dieu, quitter parents et maison. Leur père et leur mère, quand ils les avaient, les présentaient eux-mêmes à l'église, un jour de grande fête : tous les fidèles étaient convoqués : le supérieur chantait une grand'messe avec le chœur des Portugais et des élèves de notre collége là où il s'en trouvait. Après l'Evangile, un Père prononçait le discours sur la dignité du catéchiste, sur ses devoirs ou toute autre matière. Le discours fini, les chants recommençaient. Le futur catéchiste agenouillé aux marches de l'autel, s'inclinait devant le prêtre officiant, qui lui coupait avec des ciseaux la touffe de cheveux que les Japonais portent au sommet de la tête et laissent tomber par derrière. La taille de ces cheveux indiquait la complète séparation d'avec le monde. Le postulant quittait ses habits de laïque, pour revêtir une longue robe assez semblable à la soutane de nos Pères : à dater de ce jour, il faisait communauté avec eux, ayant son temps d'oraison, ses exercices quotidiens, ses communions déterminées. Il expliquait le catéchisme aux néophytes, sous la direction du Père qui devait veiller sur lui. On l'étudiait, on apprenait à le connaître, jusqu'à ce que l'on jugeât à propos de le recevoir dans la Compagnie, à laquelle les catéchistes s'offraient presque tous.

Malgré son extrême jeunesse, Jean fut donc agrégé dans le corps des catéchistes. Son père et sa mère, deux âmes d'élite, en firent volontiers cession à l'Eglise, heureux d'avoir un fils dont il plût à Dieu de faire son ministre. Leur sacrifice reçut bientôt sa récompense. Quelques années après, leur fils était martyr de Jésus-

Christ, comme nous le dirons, et ils avaient la consolation de voir eux-mêmes son triomphe.

Jean devint le disciple et le compagnon du P. Pierre de Monrecon, fervent missionnaire ; il le suivit à l'île de Xiki, où il séjourna quelque temps, occupé à enseigner les rudiments de la religion aux plus petits enfants. De là, le Père l'emmena à Ozaca, où Taicosama, résidait avec sa cour. Nous avions une résidence en cette ville. Le P. Organtin l'habitait avec Paul Miki et Jacques Kisaï. Les exemples et les entretiens de ces vénérables ouvriers ne contribuèrent pas peu à augmenter l'ardeur du jeune catéchiste pour le salut des âmes. La moisson était abondante : les chrétiens se multipliaient de jour en jour jusqu'au palais de l'Empereur. De grands seigneurs, des princes demandaient le baptême pour eux et pour leurs sujets. Hélas ! le vent violent de la persécution souffla sur ce champ si prospère et tarit les plus belles espérances. Jean qui venait d'entrer dans sa dix-huitième année y trouva la grâce du martyre. Mais auparavant, il eut le bonheur de recevoir le sacrement de Confirmation des mains du P. Martinez, évêque du Japon. Les grâces de ces divines onctions l'aidèrent à confesser et à défendre la foi de Jésus-Christ, jusqu'à l'effusion de son sang.

CHAPITRE X.

VIE DE SAINT MARTYR JACQUES KISAÏ. — SA NAISSANCE ET SON ÉDUCATION DANS LE PAGANISME. — SA CONVERSION A LA FOI CHRÉTIENNE. — SON MARIAGE : SON DIVORCE PAR SUITE DE L'APOSTASIE DE SA FEMME.

Jacques Kisaï était beaucoup plus âgé que Jean de Goto ; il était né en 1533. Il est certain que ses parents adoraient les idoles et que lui-même resta païen, au moins jusqu'à seize ans. Selon l'usage du Japon, au sortir du berceau, il aurait été placé dans un monastère de bonzes. C'est là qu'il aurait acquis ce talent de calligraphie dans lequel les bonzes excellaient. Au Japon, on ne connaît pas notre alphabet dont les lettres par leurs diverses combinaisons composent les mots divers de notre langue. Chaque mot est représenté par un signe, et ce signe n'en représente aucun autre. Ce qui nécessite un nombre indéfini de caractères, en lignes droites, courbes, toutes différentes les unes des autres. Les graver dans sa mémoire, avec leurs formes bizarres, fussent-ils en moindre quantité, semblerait tenir du prodige. Or, c'est par milliers qu'on les compte. Ce fut le seul avantage que Kisaï retira de l'école des Bonzes, race profondément perverse, habitudinaire de tous les vices.

Les renseignements que nous avons ne nous fixent ni sur la circonstance, ni sur l'année où notre saint reçut avec la lumière de l'Evangile, la grâce du baptême. Le P. Louis Froes, dans sa relation, le qualifie de chrétien très ancien. Or, on donnait ordinairement ce titre à ceux qui avaient été baptisés par saint François-Xavier ou par les deux compagnons qu'il avait laissés après lui, en revenant aux Indes. Il avait été appelé Jacques ou Diego, deux noms qui, en espagnol, désignent le même patron. Il avait épousé une néophyte qui lui donna un fils nommé Jean. Mais, quelque temps après, les bonzes tournèrent la tête assez peu solide de sa femme : elle apostasia pour reprendre le culte des idoles. Le mari n'épargna ni raisons ni prières pour la retirer d'un si honteux abîme : tout échoua. Jacques alors la renvoya de sa maison et se sépara entièrement d'elle.

CHAPITRE XI.

JACQUES RENONCE AU MONDE : SA VIE AVEC LES PÈRES, EN QUALITÉ DE CATÉCHISTE ; SA TENDRE DÉVOTION A LA PASSION DE N. S.

Libéré de ses liens avec le monde, Jacques résolut de s'unir plus étroitement à Dieu et d'exécuter un désir qui n'était pas nouveau chez lui : celui d'une vie plus parfaite dans la Compagnie de Jésus. Après avoir réglé ses affaires domestiques et placé son fils, comme il est à présumer, dans un séminaire, il demanda et obtint son admission parmi les catéchistes. Ce titre, il est bon de l'observer, soit par rapport à Kisaï, soit par rapport à Jean de Goto, les plaçait au-dessus des Frères coadjuteurs. Aussi, jamais ils n'ont été confondus avec eux, ni dans les catalogues, ni dans le cahier des informations que les supérieurs du Japon adressaient sur leurs inférieurs au très R. P. général ; et les Bollandistes font remarquer, en confirmation de ce fait, que le P. Muzio Vitelleschi fit disparaître quelques images sur lesquelles nos saints martyrs étaient appelés coadjuteurs.

Jacques était donc dogique ou catéchiste, et dès lors compris parmi ceux auxquels on faisait étudier les langues et les hautes sciences, jusqu'à ce que, suffisamment instruits et éprouvés, ils fussent ordonnés prêtres, ou maintenus dans leur grade, jusqu'à la mort, lorsqu'ils l'avaient demandé. De fait, nous savons par un long mémoire que le P. Gomez, vice-provincial, expédia à Rome, que Jacques s'employa, durant plusieurs années, avec une assiduité et une ferveur au-dessus de tout éloge, à la conversion des Gentils, en leur expliquant la doctrine chrétienne et les préparant au baptême.

Il est vrai qu'à cause de son grand âge et de son humilité plus grande encore, il aimait à s'exercer aux offices les plus bas de nos maisons. A Ozaca, où il passa ses dernières années, il était portier, traitait avec les étrangers et prenait soin de nos voyageurs : ce dont il s'acquittait, selon toute l'étiquette du Japon, mêlant une politesse exquise à la modestie et à la charité du religieux. Son temps disponible, il le consacrait à méditer sur les souffrances de N. S. C'était sa dévotion préférée : il y puisait sa force pour avancer dans la sainteté. Son rare talent en écriture lui avait servi à dessiner sur plusieurs feuilles réunies en volume les diverses scènes de la Passion. Chaque tableau était habilement encadré dans une enluminure de couleurs délicatement nuancées, et dont aucune ne ressemblait à l'autre. C'était un petit chef-d'œuvre d'art et de piété qu'on ne se lassait pas d'admirer. Ce livre faisait le trésor du bon portier : il y prenait ses sujets d'oraison ; et, pour lui, l'image du Sauveur souffrant ne disparaissait jamais de dessous ses yeux. Docteur avec ce livre, il étonnait autant qu'il édifiait ceux qui venaient à la porte ou à la maison traiter avec les Pères. Telle fut sa vie, jusqu'à soixante-quatre ans : Dieu voulut alors élever cet humble vieillard à l'honneur du martyre et lui ménager la plus belle ressemblance avec Jésus-Christ, celle d'une mort sur la croix, par amour pour lui.

SECONDE PARTIE.

SOUFFRANCES ET MORT DES TROIS SAINTS MARTYRS.

CHAPITRE I.

ÉTABLISSEMENT DU CHRISTIANISME AU JAPON. — PORTRAIT DE TAICOSAMA.

Avant de raconter le martyre des trois saints dont nous avons esquissé la vie, il ne sera pas inutile de remonter plus haut dans l'histoire et d'indiquer les causes de cette première persécution que la religion chrétienne essuya au Japon. Saint François-Xavier y pénétra en 1549, au glorieux jour de l'Assomption de la sainte Vierge. En quittant ces plages déjà fertilisées, il laissa pour continuateur de la mission qu'il venait de fonder, le P. Cosme Torrez et le F. Jean Fernandez qu'il avait amenés des Indes. La chrétienté prenant une rapide extension, d'autres ouvriers apostoliques s'adjoignirent aux premiers : ils se dispersèrent dans toutes les provinces de l'empire, les parcoururent d'un bout à l'autre, en y semant la parole de vie. Leurs succès furent prodigieux : rois et peuples se rangeaient sous l'étendard de la Croix. Le premier prince qui donna le branle fut

Xiumitanda, seigneur d'Omura; après lui vinrent Civan, roi de Bungo et de quatre ou cinq autres provinces, et enfin le roi d'Arima. Ils voulurent tous envoyer leur ambassadeur à Rome, chargé de prêter en leur nom le serment d'obéissance au Saint-Siége.

Pendant le règne de Nobunanga, qui avait conquis par les armes plus de la moitié du Japon, la religion de Jésus-Christ fit de merveilleux progrès. Après sa mort et la défaite immédiate du rebelle Acheci, un second aventurier usurpa la couronne. Ce fut Fasciba, Chichidono. Il était né dans le royaume de Nino, appartenait à la dernière caste du peuple, gagnant son pain, au métier de bûcheron et vendeur de fagots. Ennuyé d'une profession si peu lucrative, il quitta la cognée pour l'épée : ce changement décida de sa fortune ; car, d'exploit en exploit, il monta aux plus hauts grades de l'armée, jusqu'à celui de général en chef. L'anarchie qui suivit la défaite d'Acheci lui parut une belle occasion ; il jeta le masque, se débarrassa des fils de Nobunanga et des autres compétiteurs, et en moins d'un an réunit sous son sceptre l'empire japonais, après avoir réduit à l'état de vassaux et de sujets, tous les princes et rois de ces îles. Il conserva son premier nom de Fasciba, jusqu'en 1585 ; mais voulant effacer le souvenir de son origine humiliante, il se fit appeler Cambacudono, nom qui signifie : *arche du trésor ;* enfin, cédant en 1592 la dignité de Combacu, il s'arrogea le nom de Taicosama, c'est-à-dire *seigneur suprême*. Son règne dura vingt ans, règne d'un vrai Tibère, soit par la dissolution des mœurs, soit par le despotisme et la tyrannie. Il n'avait aucune religion. C'était un athée : il tracassa tour-à-tour et protégea les bonzes et les idoles, favorisa les chrétiens et leur culte, pour en devenir après l'odieux et sanglant persécuteur, agissant non par inconstance, mais toujours de propos délibéré, n'ayant qu'une règle dans sa politique, celle de ses propres intérêts, bien ou mal entendus.

CHAPITRE II.

PREMIÈRES ATTAQUES DE TAICOSAMA CONTRE LA LOI DE JÉSUS-CHRIST. — CAUSE D'UNE SECONDE ET PLUS TERRIBLE PERSÉCUTION. — CONDAMNATION A MORT DES MINISTRES DE L'ÉVANGILE ET DE LEURS DISCIPLES.

Pendant les cinq années de paix et de protection que Taicosama accorda aux Pères et à l'Eglise, le nombre des fidèles se multiplia tellement, qu'il dépassa deux cent mille. Les généraux des troupes de terre, les amiraux de la flotte, les grands dignitaires de l'empire, les plus influents personnages de la cour étaient chrétiens. L'armée presque entière adorait Jésus-Christ. Les drapeaux des navires de guerre, les bannières des troupes faisaient flotter l'image de la Croix dans les airs, sous diverses formes et couleurs. Non seulement l'Empereur avait signé des lettres de permission aux Pères pour les exercices de leur ministère, mais il ne lui était pas rare de venir avec quelques officiers de son palais, entretenir plusieurs heures le P. Gaspar Coeglio, vice-provincial. Il avait même passé avec lui, en tête à tête, la journée du vingt-quatre juillet à Facata, lorsque rentrant le soir, il but outre mesure du vin de Porto et s'enivra. Ce fut le moment qu'exploita un scélérat comme il en est peu, le bonze Jacuin : il servait d'intermédiaire à l'Empereur, pour ses débauches. Après avoir grossi de mille mensonges et fait ressortir méchamment le refus que les dames d'Arima opposèrent avec horreur à ses infâmes propositions, il se répandit en longues invectives contre la loi de Jésus-Christ et les Pères qui l'enseignaient, et accumula tous les prétextes imaginables pour lui persuader qu'il ne serait jamais sûr de sa couronne, tant qu'il tolèrerait au Japon une race d'hommes si dangereux, dont l'audace allait jusqu'à mépriser les dieux et prêcher une loi contraire aux traditions et aux mœurs du pays. Taicosama, ombrageux à l'excès par caractère, doublement surexcité et par la luxure qui le brûlait jusqu'aux os et par la fumée du vin, devint furieux et jura d'exterminer le christianisme. A l'instant même, quoiqu'il fût nuit, il signa un décret d'exil contre le général de son armée Juste Mondono, et dès le lendemain de grand matin fit déclarer au P. Coeglio qu'à tel jour, lui et les siens eussent à évacuer le Japon, sous peine de la vie.

Le père ne crut pas devoir abandonner à elle-même une chrétienté aussi nombreuse. Cependant, pour donner quelque satisfaction à la colère de l'empereur et ne pas avoir l'air de mépriser son autorité, le P. vice-provincial voulut que tous les pères s'habillassent en japonais et ne s'occupassent des fidèles qu'avec les plus grandes précautions et en secret. Ce fut en vertu de ces mesures, qu'ayant établi une résidence de quatre pères à Méaco et une autre à Ozaca, au lieu d'une église publique, on fit le service dans des chapelles retirées, admettant le public dans une salle qui ouvrait sur la rue. Ces ménagements valurent à nos pères de se maintenir au Japon, jusqu'à 1574. Dans cet intervalle, ils conférèrent plus de soixante-cinq mille baptêmes, sans compter les enfants nés de parents chrétiens. L'empereur savait très bien que tous les Pères n'avaient point quitté ses états; mais il lui suffisait qu'ils vécussent à l'écart et il ne paraissait pas se soucier de nous faire traduire comme transgresseurs de ses ordres. C'est ce qu'écrivait le P. Froès.

Tel était l'état des choses, lorsqu'au mois de juin 1593, débarquaient à Nangazaki quatre religieux franciscains, deux pères et deux frères convers. Le gouverneur des Philippines les envoyait avec le titre d'ambassadeur, pour combattre les prétentions injustes de Taicosama, sur ces îles. Ce furent les premiers membres d'un autre ordre qui eussent abordé au Japon. Le chef de l'ambassade était le commissaire F. P. Jean-Baptiste, religieux exemplaire, zélé pour le salut des âmes. Ils se rendirent à Nangoia où était Taicosama et lui présentèrent les lettres et les présents du gouverneur. Puis ils lui demandèrent permission de séjourner quelque temps à Méaco. Ils l'obtinrent, à certaines conditions. Ces hommes de Dieu, voyant quelle abondante moisson s'offrait aux ouvriers de J.-C., cédant à l'impulsion de leur charité, ouvrirent maison et église; ils en firent autant à Ozaca, et se livrèrent publiquement à tous les exercices du saint ministère : ils gagnèrent un grand nombre d'âmes. Mais ils donnèrent l'éveil à quelques idolâtres. Un certain Farando entr'autres, vil apostat, après leur avoir rendu quelques services, où il savait trouver son profit, les dénonça à Guenifoin, gouverneur de Méaco, comme ayant enfreint les ordres de l'empereur.

Cependant le gouverneur, dont deux fils et deux neveux étaient chrétiens, ne paraît pas avoir déféré cette dénonciation à Taicosama : car les Pères de Saint-François vécurent assez tranquillement pendant deux ans ; mais dans les derniers mois de 1596, tout changea de face. Voici comment : Le galion *Saint-Philippe,* en se dirigeant de Manille à la Nouvelle Espagne, échoua à Urando, sur les côtes du royaume de Cosa. Ce navire portait deux cent quarante passagers, dont quatre-vingt-quinze Espagnols. Parmi ceux-ci se trouvaient deux Pères Augustins, deux Franciscains, F. P. Philippe Casar ou de Jésus, profès de chœur et Jan Porvero, frère convers, et un Dominicain. A la nouvelle du naufrage, Taicosama, d'après les lois barbares du Japon, confisqua pour lui le navire et sa cargaison. Il dépêcha à Urando Nascita un de ses quatre premiers intendants pour en prendre possession. Pendant que cet officier fouillait dans le navire, une carte marine lui tomba sous la main. Sur cette carte étaient, comme on le comprend, tracés les contours des côtes et la direction des vents. L'intendant demanda au pilote comment son roi s'était rendu maître de tant de terres, à si grande distance de l'Espagne : par la valeur de ses troupes, répondit celui-ci. Mais comment a-t-il pu réussir, poursuivit Nascita, avec le petit nombre de soldats que vous avez dans les vaisseaux? Le marin s'imaginant effrayer l'intendant, comme il l'avoua plus tard et obtenir de lui des conditions moins dures : seigneur, répliqua-t-il, le roi mon maître fait précéder sa troupe d'un détachement de religieux, chargés de prêcher la foi : l'armée vient après et sa victoire est assurée. Mensonge énorme : il fut fatal à la religion. Brusquant la conversation, Nascita emporta l'inventaire du bâtiment, la carte marine et la réponse de l'Espagnol, et fit tout connaitre à l'Empereur. C'était plus qu'il n'en fallait pour le pousser à la violence ; mais sa fureur fut encore excitée par le roi de Tosa et surtout par le bonze Jacuin, ce monstre qui avait été l'instigateur de la première persécution. Taicosama ne se contint plus, il jura d'anéantir au Japon la secte maudite des chrétiens. Il expédia, cette nuit-là même, 9 décembre 1596, un courrier à Gibunosci, gouverneur de Méaco, et à Farimandano, gouverneur d'Ozaca, avec ordre formel d'arrêter immédiatement tous les prédicateurs de l'Evangile et leurs disciples, et de les tenir sous bonne garde.

CHAPITRE III.

EMPRESSEMENT DES PÈRES ET DES CHRÉTIENS A S'OFFRIR A LA MORT. — TAICOSAMA ADOUCIT LA SENTENCE CONTRE LES FIDÈLES ET LES PÈRES.

La résidence d'Ozaca avait alors quatre pères venus pour accompagner Mgr Martinez. Celui-ci était parti la veille pour Nangazaki. Un jeune chrétien, page du gouverneur, avait informé le P. Organtin de l'emprisonnement des ministres de Jésus-Christ et du dessein de l'Empereur de détruire le christianisme. Aussitôt remettant le soin des fidèles d'Ozaca à deux prêtres, à Paul Miki et aux deux catéchistes, Jean de Goto et Jacques Kisaï, le P. Organtin se rendit à Méaco, sur le soir du lendemain, avec le P. François Perez et le F. Paul d'Amacuza, afin de consoler les chrétiens et de souffrir avec eux. On connut bien vite l'arrêt prononcé par Taicosama. Comme il comprenait sans distinction tous ceux qui professaient la loi chrétienne, il y eut un élan admirable de ferveur parmi les fidèles, tous se préparèrent au martyre. Arrivé à Méaco et s'attendant à être saisi d'un moment à l'autre, le P. Organtin se livra aux effusions de l'allégresse dans une lettre qu'il écrivit à Nangazaki, au P. Pierre Gomes, vice-provincial. « Grande nouvelle, disait-il, elle réjouira votre révérend Monseigneur, tous les pères et frères de la Compagnie. Hier soir, un billet expédié de Faximi par son neveu à Marie, femme du royaume de Civan, annonçait que le roi venait d'ordonner à Gibanosci de faire mourir tous les Pères. C'est le F. Paul d'Amacuza qui nous a apporté cette nouvelle en toute hâte, dans la maison où nous étions : il ne se possédait pas. Mes pères et mes frères, s'est-il écrié, nos vœux sont exaucés. Voici le moment de donner notre vie à Jésus-Christ, lui qui nous a donné la sienne. Et nous tous, à cette communication, de faire nos préparatifs avec empressement. Pères, Frères, catéchistes, serviteurs, chrétiens grands et petits, il n'y eut parmi nous qu'un même élan. Pères, répétait-on autour de nous : nous voulons vous suivre, nous mourrons avec vous pour Jésus-Christ Nous commençâmes par préparer nos consciences, puis nous songeâmes à nous parer comme il convenait dans cette circonstance, avec les livrées de la Compagnie, des serviteurs de Dieu et des prédicateurs de sa loi : soutanes, rochets, étoles, tout fut mis en règle. Les paroles me manquent pour vous traduire les sentiments de consolation que Dieu répandait dans notre cœur : on le lisait sur notre visage. C'était, nous le reconnaissions, une grâce de l'Esprit Saint que nous obtenaient tant de prières et de sacrifices offerts dans toute la Compagnie pour cette province, et que vous ne cessez vous-même d'offrir, mon révérend père, vous qui voyez de plus près et nos fatigues et nos dangers. Du reste, comment ne serions-nous pas généreux, ayant sous les yeux nos chrétiens, hommes, femmes, enfants, gens de toute condition aussi avides que nous du martyre. Pas le moindre nuage de tristesse aux fronts, pas le moindre mouvement de frayeur : ils s'attendaient à perdre fortune, famille, amis, leur propre vie : ils n'y prenaient pas même garde. La seule crainte de quelques-uns était que, par une intervention funeste, leurs parents ne les frustrassent de la grâce après laquelle ils soupiraient. Nous remarquions surtout l'excellent juste Recondono, ce vaillant soldat de Jésus-Christ, et avec lui plusieurs seigneurs haut placés comme les deux fils du gouverneur Guenifoin. Constantin le plus jeune ne voulut jamais s'éloigner de nous. Les autres chrétiens, parmi lesquels plusieurs sont de première noblesse envoient prendre de nos nouvelles : ils sont prêts, nous écrivent-ils, au premier bruit à se joindre à nous leurs pères et leurs maîtres et à mourir avec nous. Des dispositions aussi parfaites dans une chrétienté de si fraîche date sont, nous n'en doutons pas, un fruit du Sacrement de Confirmation que Monseigneur a administré dernièrement, lors de son voyage à Méaco. »

Les lettres des autres pères ne différaient pas de celles du P. Organtin. Citons une partie de celle que le Frère

Vincent, japonais, envoya au vice-provincial ; elle nous fait connaître cet excellent religieux et contient d'intéressants détails sur les événements que nous racontons. C'est à Nara où j'étais, écrit ce frère, que j'appris ce qui se passait à Méaco. Le moindre retard pouvait me séparer de mes frères sur leur champ de bataille ; je ne me sentais pas courir : je croyais avoir des ailes. Jugez mon désappointement. En arrivant je vis que mes désirs étaient ajournés. Comme j'allais droit à la maison où l'on avait mis des gardes, les chrétiens me barrèrent le chemin et m'enlevèrent par force. C'était moi plus particulièrement que le vice-gouverneur faisait rechercher. Je me retirai près du P. Organtin. Me voir poursuivi avec une espèce de préférence sur tant de prédicateurs qu'a notre Compagnie, penser que cette préférence avait pour cause auprès des Gentils mon titre de serviteur de Jésus-Christ, la persuasion dans laquelle ils étaient que je n'avais pas été inutile à la propagation de la foi, je le confesse, mon révérend père, c'était le plus beau privilége de ma vie : il me semble que rien dans l'autre monde ne me donnera plus de satisfaction, et mon unique ambition ici-bas c'est d'être persécuté pour une si noble cause. Si j'eusse été libre, j'aurais à l'instant partagé les chaînes des Franciscains, emprisonnés pour avoir prêché Jésus-Christ : mais aller plus loin que ne veut l'obéissance serait m'égarer. Que la volonté de Dieu s'accomplisse. Une nouvelle étrange circule en ce moment. Le roi ne nous comprend plus dans son arrêt de mort. Grande fête parmi nos chrétiens : grande désolation chez nous. Il est vrai qu'on ne sait à quoi s'en tenir. Le soir défait les dispositions du matin. Il y a donc lieu d'espérer que Taicosama reviendra à sa première résolution de nous faire mourir. Si Dieu nous accorde ce bonheur, soyez sûr qu'avec le secours de sa grâce vous aurez sur notre courage et persévérance dans les supplices des détails plus étonnants que tout ce que je pourrais vous en dire maintenant. Après qu'on se sera défait de nous, votre tour viendra. Réunis tous au ciel, nous célébrerons à grandes pompes la gloire de nos triomphes. N'y eût-il, cette fois, aucun martyr parmi nous et parmi les fidèles, nous n'en avons pas fait avec moins de générosité le sacrifice de notre vie à l'amour de Jésus-Christ. Ainsi se terminait la lettre du F. Vincent. Dieu nous demanda, en effet, des victimes. Il en choisit d'abord vingt-quatre, et pendant le trajet il en ajouta deux autres.

Gibonosci mit dans cette affaire des ménagements et un bon vouloir dont il faut lui savoir gré. Il était païen, mais droit, honnête. Sans qu'on eût cherché à l'influencer par des raisons ou des prières, sans qu'on eût essayé auprès de lui la plus petite démarche, le lendemain du jour où le décret fut publié, décret qui comprenait tous les prédicateurs de l'Evangile et leurs adhérents, il eut une audience de Taicosama, et, comme s'il n'eût pas bien compris ses intentions, il lui demanda s'il devait compter parmi les condamnés les Pères venus de la Chine au Japon sous pavillon portugais; car, poursuivit-il, les Portugais ne songent pas à faire des conquêtes parmi nous, mais à écouler leurs marchandises, ce qui est très avantageux au pays : la cause de leurs Pères ne semble donc pas devoir être confondue avec celle des autres. Puis, l'usage étant de placer à côté des criminels, au moment de les exécuter, l'écriteau qui retrace en gros caractères leur délit et leur sentence, la faute des uns et des autres n'étant pas la même, quelle faute devait-il énoncer sur nos Pères, puisque tous devaient périr du même supplice? d'autant plus que le P. Jean Rodriguez, interprète de Sa Majesté, le vieux P. Organtin, l'évêque et les dix compagnons de Nangazaki accordés à l'ambassadeur Valegnani étaient expressément autorisés par l'Empereur à résider au Japon. Ces considérations frappèrent Taicosama. Sans pousser plus loin les questions, il décida qu'on ne ferait mourir que les religieux venus des Philippines et les Japonais leurs serviteurs. Accompagnant ensuite Gibonosci avec une courtoisie inaccoutumée, après tout, répondit-il, les Portugais viennent tous me saluer, chaque fois qu'ils débarquent dans mes Etats : ils m'offrent des présents et me reconnaissent pour grand maître du Japon. Le roi de Naban (on appelle ainsi le vice-roi des Indes), m'envoie des ambassadeurs et des cadeaux ; il rappela la députation à la tête de laquelle le P. Valegnani lui rendit ses hommages et celle où figurait Mgr Martinez, absent depuis peu de jours. Enfin, avec un ton affectueux qu'on n'aurait jamais attendu d'un homme aussi cruel : Mon pauvre Rodriguez, poursuivit-il, doit être dans des transes affreuses. Expédiez-lui, au plus vite, quelque part qu'il soit, un courrier, et rassurez-le en mon nom : ni lui, ni son vieux Père (P. Organtin), ni les Pères de Nangazaki, ni l'évêque et sa suite n'ont rien à craindre pour leur vie ou leur église, puisqu'ils sont aumôniers des Portugais; mais je leur défends de faire aucune propagande en dehors. Qu'ils se tiennent pour avertis. Les gouverneurs de Nangazaki ne permettront désormais à aucun Père de paraître à Méaco, à moins que ce ne soit en qualité d'ambassadeur, ou de compagnon des Portugais, chargés de notifier au palais la descente de leurs navires.

Gibonosci ne pouvait assez admirer le revirement inouï de l'Empereur. Il fit aussitôt prévenir à Méaco le P. Organtin et le P. Rodriguez rentré à Nangazaki avec son évêque. Il enjoignit à son lieutenant de supprimer le poste de soldats qui avait été placé à la maison de nos Pères et de les laisser en pleine liberté.

Mais avant que ces modifications de l'arrêt impérial eussent été connues à Nangazaki et dans le Ximo, des nouvelles exagérées circulaient dans le pays. On racontait qu'entre Méaco et Ozaca, dix religieux de la Compagnie et six Franciscains, torturés et mis à mort, avaient couronné leurs travaux par un glorieux martyre. On cherchait partout les chrétiens, pour en faire un massacre général. Les bourreaux, le fer à la main, parcouraient Nangazaki, Arima, Amacuza, Bungo, tous les lieux où il y avait des Pères, des églises et des fidèles, et mettaient tout à feu et à sang. Toute la chrétienté était en prières. On faisait des pénitences. Il n'était question que de se disposer au martyre.

Sur ces entrefaites, arriva à Nangaia un courrier envoyé de Méaco à Fazamburo, lieutenant de Terazava son frère, gouverneur de ces provinces. Le courrier était porteur des ordres de l'Empereur et des nouvelles instructions que les membres du grand conseil lui adressaient. Fazamburo devait interdire aux Pères toute prédication. Aux chrétiens, on défendait l'abord de l'église de Nangazaki, permise aux seuls Portugais, et tout rassemblement public ou à domicile, motivé par la religion. Fazamburo écrivit sur le même sujet, des lettres courtoises, mais pressantes à Jean, roi d'Arima ; à Sancio, roi d'Omura. Dans leur intérêt et celui des chrétiens, il les conjurait, au nom de l'amitié qui les unissait, de ne pas aigrir l'Empereur, par la désobéissance ; car Taicosama n'aurait qu'un signe à faire, pour qu'ils perdissent leurs domaines et pour que la foi disparût du Japon. Il fit ensuite enlever de l'hôpital Saint-Lazare les trois Franciscains qui s'y étaient réfugiés ; il les consigna à bord du navire portugais, avec ordre de ne point communiquer au dehors. Il y eut défense aux matelots, sous peine de mort, de les déposer à terre.

CHAPITRE IV.

SENTENCE DE MORT PRONONCÉE PAR TAICOSAMA CONTRE LES RELIGIEUX. — SUBSTITUTION MERVEILLEUSE D'UN CHRÉTIEN A LA PLACE D'UN AUTRE.

Après qu'on eut signifié aux Franciscains leur sentence et arrêté à Méaco leurs douze compagnons, il ne fut plus question d'eux, jusqu'au 30 décembre. De la part de Gibonosci, c'était un procédé d'humanité. Il traînait en longueur l'exécution des ordres qu'il avait reçus, dans l'espérance que la colère de Taicosama s'en irait en fumée. Il voulait choisir le moment favorable pour l'amener à délivrer les religieux, sous prétexte qu'ils étaient tous officiellement ambassadeurs du vice-roi des Philippines, et à les renvoyer, pour toute vengeance, au pays d'où ils étaient venus.

Mais l'abominable bonze Jacuin le prévint. Ce même jour, 30 décembre, admis auprès de l'Empereur, il lui rappelle, non sans incriminer la lenteur de ses ministres, les ordres qu'il a publiés pour exterminer les destructeurs des dieux japonais, ces maîtres d'une loi révélée par le démon : ainsi qualifiait-il la loi de Jésus-Christ. Il insista avec tant de force et de ruse, que Taicosama, qui avait presque perdu de vue cette affaire, retomba dans ses précédentes crises de fureur. Gibonosci fut mandé, à l'heure même : l'Empereur lui intima l'ordre de faire, sans plus de délai, couper le nez et les oreilles aux prisonniers de Méaco et à ceux qu'on y conduirait d'Ozaca. Montés sur des charrettes ayant devant eux l'écriteau sur lequel on lisait leur sentence, ils devaient être promenés par les rues les plus fréquentées de la capitale, exposés à l'indignation publique, puis conduits par Ozaca et Sacaï à Nangazaki, et là exécutés sur une croix. Leurs corps y resteraient attachés, jusqu'à ce qu'ils tombassent en putréfaction : complément usité du supplice de la croix, au Japon. Gibonosci comprit que tout était perdu. Il envoya à son lieutenant à Méaco l'ordre de retirer les cinq Franciscains et les douze Japonais condamnés avec eux, de la maison où ils étaient gardés et de les renfermer dans la prison commune.

Survint un incident particulier dans lequel on ne peut s'empêcher de reconnaître et d'admirer les secrets desseins de la divine Providence. Les Pères Franciscains avaient chez eux, en qualité de cuisinier et acheteur, un Japonais nommé Mathias. Il était compris dans les douze.

Mais les sentinelles, vu son emploi, le laissaient aller et sortir librement, supposant qu'il faisait les approvisionnements de la communauté. Or, au moment même où les soldats venaient prendre les prisonniers, Mathias était absent. A mesure que l'officier de police prononçait un des noms marqués sur la liste, celui qui s'entendait nommer s'avançait et se livrait de lui-même. Mathias seul ne répondit pas. On le chercha dans tous les coins du couvent. Point de Mathias. Au seuil de la porte un chrétien regardait cette scène. Il s'appelait aussi Mathias et appartenait aux quarante-sept arrêtés d'abord, puis relâchés, sauf les douze qu'on emmenait. Ce qui est écrit au ciel, la terre ne l'efface pas. Ce second Mathias était peut-être plus digne du martyre, plus cher à Dieu qui l'avait conduit à cette maison, au moment même où l'autre Mathias en était sorti. En entendant à diverses reprises ce nom de Mathias, je suis Mathias, dit-il; sans être celui que vous cherchez, je suis chrétien comme lui, ami des Pères, et s'il vous convient de me prendre, j'en serai content, me voici. On ne lui en demande pas davantage, on l'enchaîne et on l'emprisonne avec les autres. C'eût été un spectacle digne des anges, si le premier Mathias, à son retour, eût couru après le lieutenant et lui eût demandé justice de la méprise qui lui ôtait la couronne du martyre pour la transférer sur la tête de son homonyme. Ce conflit se renouvela plus d'une fois dans les persécutions qui succédèrent à celle-ci : mais de Mathias absent, il n'en est plus question dans l'histoire. On ignore quelle fut sa fin. Les chrétiens apprenant cette substitution, lui appliquèrent fort à propos les paroles de saint Luc, lorsque saint Mathias fut élu à la place de Judas. *Cecidit sors super Mathiam, et annumeratus est cum undecim.* Nos élus au martyre avaient aussi été restreints au nombre de onze, le douzième n'étant pas avec eux.

CHAPITRE V.

COMMENT PAUL MIKI, JEAN DE GOTO, JACQUES KISAÏ FURENT COMPRIS DANS L'ARRÊT DE MORT. — JOIE ET FERVEUR AVEC LESQUELLES ILS ACCEPTENT LE MARTYRE.

La divine Providence ne se montra pas moins admirable, quoique les circonstances fussent différentes, dans l'événement qui valut à Paul Miki, Jean de Goto, Jacques Kisaï la même palme du martyre. La sentence rendue par l'empereur ne les concernait en aucune façon, puisqu'elle était restreinte aux religieux des îles Philippines et à leurs serviteurs. C'est pourquoi, dès qu'il avait connu cette exception, Gibonosci avait supprimé le poste qui gardait notre maison de Méaco. Il n'en fut pas de même à Ozaca. Farimondono venait de recevoir de l'empereur de sévères reproches. On imputait à son incurie l'extraordinaire accroissement des chrétiens. Il était, de plus, monté contre nous, par Fascengava, son intime et l'un des plus influents au palais. Il fit donc arrêter indistinctement tous les religieux, tant Jésuites que Franciscains, demeurant en ville. Paul Miki, avec nos deux catéchistes, était dans notre résidence. Les pères François Rodriguez et Pierre de Monrecon venaient de la quitter pour accompagner à Sucaï Mgr Martinez. On demanda aux trois frères s'ils appartenaient à la Compagnie de Jésus. Ils répondirent affirmativement; et, sans autre formalité, on inscrivit leur nom et on leur donna des gardes. Rien n'était pourtant plus facile à Jean et à Jacques que d'être libres; ils n'avaient qu'à répondre qu'ils n'étaient pas religieux, ce qui était incontestable, et qu'ils attendaient leur admission au noviciat de la Compagnie. Mais l'occasion du martyre était trop belle pour qu'ils hésitassent : c'était, au contraire, le moyen le plus efficace pour eux d'être reçus enfants de saint Ignace; aussi se livrèrent-ils aux bourreaux avec empressement. Leur premier soin, lorsqu'ils furent écroués avec Paul Miki, fut d'écrire au P. Organtin. La mort qu'ils acceptaient volontiers pour la foi et le peu de services qu'ils avaient rendus à nos pères, disaient-ils, ils suppliaient leur père de la considérer comme leur titre d'admission dans la Compagnie; ils lui demandaient d'être autorisés à prononcer leurs vœux. Le P. Organtin leur promit de les appuyer auprès du P. vice-provincial, qui exauça leurs désirs, comme nous le verrons bientôt.

Pendant leur captivité, un des chrétiens les plus considérés réclama auprès de Farimandono nos trois prisonniers, parce que le décret de Taicosama ne les atteignait pas. Mais le timide fonctionnaire n'osa pas effacer leur nom de sa liste, l'Empereur en ayant la pièce originale, et ne voulut plus rien entendre là-dessus. Il repoussa de la même manière les observations du juste Ucondono et des deux fils de Guénifoin. L'avarice, péché capital du japonais toujours prêt à se vendre, ne le désarma même pas. Il refusa l'argent qui lui fut offert.

Le P. Organtin, instruit des démarches faites par ces grands seigneurs, les en blâma sévèrement, parce que, louables en elles-mêmes, elles pouvaient donner lieu à quelques interprétations dont les chrétiens se seraient scandalisés.

Le 3 juin 1597, nos trois martyrs avec frère Martin et ses trois japonais, dont deux étaient catéchistes et le troisième prédicateur, furent conduits à Méaco, sous bonne escorte et réunis aux autres confesseurs, dans la prison de la ville. Qui pourrait décrire les transports de nos frères, en se voyant réunis à cette sainte troupe? Ce qui les fortifia le plus, fut une lettre que le P. Pierre de Monrécon leur écrivit à tous, d'Ozaca, lettre de doléance sur le malheur qu'il avait de ne point partager leur sort et de félicitation sur le choix dont Notre Seigneur les honorait. Paul, quoique ses chaînes fussent les plus pesantes, se distinguait entre ses compagnons et par la joie qui se répandait du fond de son cœur sur les traits du visage et par la chaleur de ses discours. La première nuit de son incarcération, il ne cessa de prêcher à ses gardes, et aux quelques chrétiens qui n'avaient pas voulu s'éloigner, l'immortalité de l'âme, l'éternité, la gloire réservée aux justes, la passion et la mort du Sauveur, et, par dessus tout, la grâce au-dessus de toutes les grâces, celle de mourir pour son amour et pour sa religion : bien par excellence, il l'avait longtemps convoité; il allait en jouir. Cette perspective le transportait hors de lui-même. C'est qu'indépendamment de l'éloquence avec laquelle il s'exprimait sur le sujet du martyre, il trouvait des pensées et des tournures de phrase qu'aucune bouche humaine n'avait encore fait entendre. Son visage était rayonnant. Il semblait un saint en extase. La mort de N. S. s'offrait à sa mémoire avec des circonstances qui paraissaient le concerner plus spécialement. Il était dans sa trente-troisième année ; il devait expirer sur une croix, une lance lui percerait le côté; sa passion à lui commençait le jeudi, il fut enchaîné ce jour-là. Il mourrait pour le même peuple qu'il voulait sauver. Il serait, le vendredi, exposé aux insultes de la foule dans les rues les plus fréquentées de Méaco, comme Jésus-Christ dans les rues de Jérusalem, ayant devant lui l'arrêt de sa condamnation, comme un témoignage de son obéissance à son Père céleste. Tous les assistants, les païens eux-mêmes, pleuraient à chaudes larmes; ils ne tarissaient pas d'éloges sur ce généreux confesseur. Deux sentinelles lui promirent tout bas à l'oreille de se faire baptiser, sitôt qu'ils le pourraient, nouvelle qui mit le comble à la joie qu'il avait goûtée dans la prison d'Ozaca, où il avait converti et baptisé lui-même six idolâtres.

CHAPITRE VI.

ON COUPE UNE OREILLE AUX VINGT-QUATRE MARTYRS; ILS SONT PROMENÉS DANS LES RUES DE MÉACO. — TOUCHANTE AVENTURE D'UN VIEILLARD NOUVELLEMENT CONVERTI.

Le 3 janvier fut un beau jour pour les vingt-quatre prisonniers. Les mains liées derrière le dos, entre deux haies de soldats et de curieux; ils furent conduits à pied jusqu'à l'entrée de la ville basse, c'est la partie inférieure de Méaco; l'autre moitié est appelée la ville haute. Là, on coupe à chacun une partie de l'oreille gauche; l'entaille était plus ou moins grande, selon que les exécuteurs étaient plus adroits ou plus cruels. Encore le gouverneur prit-il sur lui-même de mitiger la sentence de Taicosama; car, d'après sa teneur, on devait leur couper le nez et les deux oreilles. A côté de nos trois martyrs, se tenaient deux fervents chrétiens auxquels il ne manqua que de trouver des bourreaux pour qu'ils fussent martyrisés avec les autres, si grande était l'insistance avec laquelle ils s'offraient à la mort. L'un d'eux était Victor Modaghensuki, secrétaire du gouverneur d'Ozaca. Depuis le 8 décembre, jour où la persécution éclata, jusqu'au 31 du même mois, il ne quitta Paul Miki que pour aller prendre dans sa maison sa femme et ses enfants, et les loger dans notre voisinage, afin d'accourir les premiers, si nous étions massacrés, et d'être tués avec nous. Sa maison, il l'avait laissée à la garde de Dieu. Pour lui, il ne voulut même pas que la rue le séparât de son ami; il se laissa mettre sous les mêmes verroux que Paul. Quelle dévotion cruelle vous avez, lui dit quelqu'un. Vous entraînez femme et enfants à mourir avec vous; est-ce là les aimer? Je les aime pourtant beaucoup, répondit-il. Et c'est à cause de ma tendresse pour eux que je veux leur procurer un bien si grand que nous ne pouvons en avoir de comparable. Ma femme et mes enfants pensent comme moi; et parce qu'ils me rendent l'affection que j'ai pour eux, ils seraient les plus empressés, si je ne m'offrais au martyre, à m'y conduire, comme je les y conduis moi-même. Voilà leurs sentiments. Hélas! s'ils survivaient à ma mort, qui me répondrait de leur avenir? » Un de nos pères avec lequel il était à Ozaca le pria, peu après, de vouloir bien se charger d'un paquet de lettres qu'il écrivait à diverses chrétientés et à quelques personnes en particulier, pour les exhorter à soutenir courageusement le choc de la persécution et à donner leur vie, s'il le fallait, en témoignage de la foi. Cette commission équivalait pour Victor à une défense du martyre; elle était du moins un sursis obligatoire; il en fut péniblement affecté : on ne pouvait le froisser davantage. Ses larmes le prouvèrent assez. Jamais, disait-il, il n'aurait cru que les pères payeraient son dévouement sans borne pour eux, en lui signifiant son congé comme s'il était indigne de partager leurs souffrances. Il fallut confier le message à un autre; et Victor demeura jour et nuit avec nos prisonniers sans les quitter un instant. Et comme ils furent les seuls dont Dieu voulût accepter le sacrifice, Victor les accompagna à Méaco, assista à la mutilation de leurs oreilles et à leur humiliante exposition à travers les rues de la ville.

Le second chrétien était André Ongasavara, maître d'équitation et de tir à l'arc, deux professions en grand honneur au Japon. Pendant son séjour à Ozaca, si vif était son désir de mourir sur la croix, qu'il lui vint à l'esprit de se faire passer pour propriétaire de la maison habitée par Paul Miki. Il espérait par cette ruse devenir son compagnon, pour peu qu'on voulût lui en donner. Voyant que le gouverneur n'inscrivait que les noms de Jean et de Jacques, convaincu d'autre part qu'on en inscrirait d'autres, il demeura avec eux. Mais plusieurs chrétiens, de grands seigneurs eux-mêmes, entre autres

Paul Sachiondono, parent du roi, accoururent à notre maison, dans la même intention : une vive contestation s'éleva parmi eux. Si l'on ne nous arrête pas tous, disaient-ils, à qui l'honneur de se sacrifier avec les Pères ? Et chacun de faire valoir ses raisons ; si bien que le bon Jean de Goto eut peur d'être supplanté. L'idée lui vint de gagner ses gardes à prix d'argent et d'obtenir d'eux la permission de sortir, pour parler au gouverneur Farimandono. Il voulait protester. Son nom était sur la liste des condamnés. Quelque nobles et puissants que fussent ses concurrents, personne ne pouvait lui enlever sa croix. Il consulta auparavant le P. Pierre Monrécon, qui le dissuada ; mais Jean n'avait rien à redouter. Dans le catalogue du ciel, Dieu avait écrit son nom parmi les vingt-six qu'il avait prédestinés au martyre. Quant au débat entre les divers prétendants, il fut vidé à la pluralité des suffrages. André eut la majorité : il devait être le premier. Victor vint en second et ainsi des autres successivement. Ce n'était pas assez pour André de sacrifier sa vie : il voulut engager dans la même résolution toute la famille, sa mère très avancée en âge, sa femme, ses enfants : il en avait un au berceau. Il ne rencontra de résistance qu'auprès de son père : ce qui occasionna une scène que nous croyons devoir être aussi agréable à nos lecteurs qu'elle le fut aux témoins. Le père d'André était un octogénaire, plein de verdeur ; noble d'origine, il avait longtemps vécu à la cour et s'était rendu célèbre dans l'armée. C'était une lame fortement trempée. Mais il n'était chrétien que depuis six mois. Aussi était-il dans toute la vivacité d'une conversion récente. André n'eut pas besoin de longs arguments pour persuader son père : celui-ci accepta de suite la pensée de mourir, dans la compagnie des Pères, et de conquérir avec eux la palme du martyre. Mais quand on lui fit observer que la mort devait être reçue à genoux, les bras en croix, les yeux au ciel et le cou tendu au bourreau, le vieillard, indigné, et confondant le zèle avec la colère : « Comment ! s'écria-t-il, » pour mourir en martyr, il faut mourir en poltron ? Je » me laisserai égorger sottement sous les yeux de mes » Pères, comme si de ma vie je n'avais manié une arme ? » Et c'est toi, fils indigne de ton père, indigne du sang » qui coule dans tes veines, c'est toi qui me suggères de » pareils conseils ? Moi, à genoux, les mains en haut, le » cou tendu ? » En disant ces paroles, comme il n'avait sur lui que son poignard, il décroche de la muraille son cimeterre, que plusieurs années de repos avaient rouillé, et le brandissant, espadonnant à droite et à gauche, se dressant sur ses pieds et se fendant comme dans une joûte d'escrime : « Allez, je suis assez vigoureux pour » manier une épée ; que ces chiens d'infidèles paraissent : » n'importe leur nombre, mon cimeterre leur tracera un » cercle autour des Pères ; qu'ils essaient de le franchir, » je les abats à mes pieds ; je combattrai, ne me restât-il » que le manche de mon épée ; ils ne m'auront qu'après » avoir emporté les deux bras ; ils me tueront alors : » voilà ce qui s'appelle finir en martyr. » Et il recommençait ses passes, comme dans les premiers feux de sa jeunesse. Plusieurs chrétiens étaient témoins de cette scène. Quoique leurs yeux fussent plus habitués aux pleurs, ils ne purent s'empêcher de rire. André, au contraire, était désolé ; il désespérait de dissiper l'illusion de son père. Il prit un nouveau parti : celui de l'engager à fuir d'Ozaca, jusqu'à la fin de l'orage. Mais le vieillard se roidit tout autrement contre cette proposition. Fuir l'ennemi, n'était-ce pas plus déshonorant que de se laisser égorger par lui ? Il était décidé à périr les armes à la main : on n'était vraiment martyr que de la sorte. Dieu seul pouvait rectifier les idées du bon vieillard. Son aberration était excusable. Nouveau dans la milice de Jésus-Christ, ancien dans la pratique du monde, il lui était malaisé de séparer le courage chrétien de la valeur militaire. Notre Seigneur le ramena doucement à la vérité. Une scène bien plus émouvante avait lieu dans sa maison. En y rentrant, il trouva son épouse, l'épouse d'André, toutes en train de préparer pour elles, pour leurs enfants, leurs neveux, l'habit de fête qu'on devait porter sur la croix. Les domestiques rangeaient les reliquaires et les chapelets qui serviraient de parures. En voyant ces pieuses femmes régler entre elles l'ordre dans lequel elles iraient au supplice, la manière de s'étendre sur la croix, comment et avec quels gestes de respect elles l'embrasseraient et quelles prières elles réciteraient, quels sentiments elles se suggéreraient les unes aux autres, le vieux soldat fut atterré : son cœur changea instantanément. « André a raison, s'écria-t-il, voilà du » vrai courage, je ne le connaissais pas : il vaut mieux » que le mien. » Et aussitôt, détachant de sa ceinture poignard et épée, il leur substitua son chapelet, très décidé à mourir comme les autres martyrs.

CHAPITRE VII.

ÉMOTION DU P. ORGANTIN, EN RECEVANT LES MORCEAUX D'OREILLES COUPÉES AUX SAINTS CONFESSEURS. — SPECTACLE ÉDIFIANT QU'ILS DONNENT A MÉACO.

Les deux chrétiens Victor et André, auxquels nous devions la mention particulière que nous en avons faite, n'avaient jamais quitté nos trois prisonniers, ni à Ozaca, ni dans leur voyage à Méaco : ils étaient présents, lorsqu'on leur mutila les oreilles. Victor recueillit les trois morceaux et les porta au P. Organtin. A la vue de ces reliques, le vénérable vieillard fut tout ému. Ses yeux se fondirent en larmes. Son visage changea de couleur, et il parla en termes si touchants, qu'il fit pleurer avec lui tous ceux qui l'écoutaient. Ces débris sanglants, il les couvrait de ses baisers, les pressait sur son cœur, les montrait aux fidèles, puis, les élevant avec les mains, et les yeux toujours inondés, il les offrit à N. S., comme les fragments d'une hostie sainte. « Prémisses sacrées de » notre sang au Japon, répétait-il : il fallait, en effet, que » le sang coulât, après les sueurs que nous avions ré- » pandues depuis quarante-huit ans. Premières fleurs de » nos trois rameaux qui, d'ici à quelques jours, seront » entés sur l'arbre de la Croix, à Nangazaki. » Pleurant ensuite sur lui-même : « Que je suis malheureux, ajou- » tait-il, c'est mon sang et non le sang de nos frères qui » devait couler pour Jésus-Christ. Après avoir été si sou- » vent sur le point d'être immolé, je ne méritais donc pas » cette grâce, puisque la couronne me tombe de la tête

» et la palme s'échappe de mes mains, au moment où » je me croyais assuré de l'une et de l'autre. »

Les vingt-quatre confesseurs furent placés trois par trois sur huit charrettes. Paul Miki et ses deux compagnons étaient dans la dernière. Aucune précaution n'avait été prise pour étancher le sang qui jaillissait de leurs oreilles. Dans ce piteux état, il furent promenés le long des rues les plus larges et les plus fréquentées de Méaco, ce qui pour les Japonais était un déshonneur plus redouté que la mort. On ne l'infligeait qu'aux plus insignes malfaiteurs. Pour ajouter à leur ignominie, un officier marchait en avant, portant au bout d'une pique un écriteau en bois, sur lequel étaient rappelés, en grosses lettres, le délit, la condamnation et le genre de mort auquel ils étaient condamnés. L'arrêt était conçu en ces termes : « *Je condamne ces gens à la mort* parce » que, venus des Philippines en qualité d'ambassadeurs, » ils ont séjourné à Méaco sans autorisation et parce » qu'ils ont prêché une loi que, peu de temps aupara» vant, j'avais sévèrement interdite, et parce qu'ils ont » bâti des églises et commis mainte autre offense; j'or» donne que ces vingt-quatre coupables soient crucifiés » à Nangazaki. Et comme je renouvelle toutes les défen» ses antérieures, je veux que ma volonté soit connue » et qu'on m'obéisse. Si quelqu'un ose enfreindre mes » ordres, il sera puni, lui et toute sa famille. Publié, la » 1re année de Cheicio, le vingt de la onzième lune. »

La foule qui se groupait à leur encontre, entravait la marche des soldats et des prisonniers. Il fallait à chaque instant s'ouvrir le passage. Tous les chrétiens étaient présens. Les païens fourmillaient aux fenêtres et sur les toits. C'était un mélange de cris, confus comme les sentiments qui les produisaient. On avait peine à entendre le peu de mots que, de distance en distance, quelques-uns des plus ardents parmi les martyrs adressaient à la multitude. Le commissaire P. F. Pierre-Baptiste, tantôt essayait quelques phrases en japonais, tantôt conversait en espagnol avec les frères de son ordre, afin de les fortifier dans le Seigneur. Les deux prêtres Franciscains, venus des Philippines, l'un depuis trois mois à peine, l'autre depuis un an, ne connaissant pas la langue du pays, priaient en silence. Paul Miki était l'orateur du cortège. Ses deux compagnons, les yeux fixés au ciel, avaient un air de bienheureux. Un gentilhomme de la cour appelé Romain, sans s'effrayer des rudesses des soldats, était parvenu jusqu'à eux et les avait salués. Il n'en obtint que deux ou trois paroles : mais elles furent proférées avec un accent si pénétrant, l'auréole de joie céleste qui illuminait leur visage lui fit une telle impression, qu'il en revint tout hors de lui-même. Il pleurait chaque fois qu'il racontait cette circonstance. Mais rien n'excitait l'attention et ne provoquait l'attendrissement comme la tenue de trois enfants de dix à quinze ans. Pour prouver mieux, que la joie éprouvée par nos martyrs était toute surnaturelle, Dieu se plut à remplir ces cœurs d'enfant d'un courage d'autant plus grand que leur âge les faisait supposer plus faibles. Sans se déconcerter en rien, ni par l'humiliation de leur course devant la foule des spectateurs, ni par le sang qui coulait de leurs blessures, ils chantaient en chœur l'Oraison dominicale, la Salutation angélique et les autres prières qu'on leur avait apprises. Louis, le plus jeune (il n'avait pas douze ans), ne changea pas de visage, depuis Méaco jusqu'à Nangazaki. C'était le plus épanoui de la bande. à la grande surprise des religieux qui avaient dans lui un modèle de constance. C'était ce même enfant, qui, à la prison de Méaco, étant sur le point de partir pour le lieu de l'exécution, fut accosté par un païen de haute naissance. Celui-ci lui promit de faire tout son possible pour le sauver, s'il voulait renoncer à sa religion. « Vous » feriez bien mieux de l'embrasser vous-même, puisque » vous ne serez sauvé que par elle. » Au fur et à mesure, des traits plus admirables se dérouleront, inspiration du Saint-Esprit qui voulut faire éclater dans un enfant plus que dans aucun autre, les merveilles de sa grâce. La ferveur des martyrs stimulait celle des chrétiens. Combien supplièrent les gardes de les attacher avec les prisonniers, afin d'être comme eux crucifiés à Nangazaki! Refusés une première fois, ils demandaient au moins qu'on les fît monter sur les charrettes et traverser les rues de Méaco. Ils auraient, de la sorte, une part de leur ignominie ou plutôt de leur triomphe. Le tour de la ville dura plusieurs heures. Les condamnés furent reconduits en prison; en descendant du chariot, Paul Miki, en présence du peuple qui stationnait, se jeta dans les bras des Franciscains, leur donna à l'un après l'autre le baiser de paix et les remercia publiquement de l'insigne bienfait dont il leur était redevable, celui de mourir avec eux sur la croix.

Cette démonstration, tant par elle-même que par la charité avec laquelle elle s'était faite, émerveilla les assistants. Ils se regardaient entr'eux, stupéfaits. Quelles gens! disaient-ils; quelle religion! Chez eux, les peines sont des plaisirs, les opprobres des ovations, la mort un sujet d'actions de grâces. Le Japon n'avait rien vu de pareil. Et ce langage, ils durent le répéter souvent, devant les mêmes exemples que d'autres martyrs donnèrent ensuite.

CHAPITRE VIII.

VOYAGE DES CONFESSEURS DE MÉACO A NANGAZAKI.

A la pointe du jour, on fit monter nos condamnés à cheval ; ils furent conduits à Ozaca et de là à Sacaï, les villes les plus considérables qui se rencontrent sur la route. Comme à Méaco, ils traversèrent les rues les plus fréquentées, ignominieusement exposés devant le peuple. et toujours précédés de l'écriteau qui portait leur sentence ; il était aisé de voyager en barque jusqu'à Nangazaki, en longeant les îles, par le canal et naviguant après en pleine mer. Sacaï et Nangazaki sont deux ports. Mais Taicosama voulait imprimer une plus grande terreur chez les chrétiens, faire savoir aux princes et aux gouverneurs qu'il haïssait mortellement notre religion et qu'il ne souffrirait pas qu'elle fît de nouveaux progrès. Il ordonna donc que le convoi s'acheminerait par terre, consigné de commune à commune, sous la responsabilité de leurs habitants qui renfermèrent les prisonniers dans des maisons préparées d'avance, entourées de sentinelles, avec une palissade en forme de rempart. C'est le genre de fortifications qu'on emploie au Japon pour les prisons : l'écriteau était hissé au-dessus de la porte, sur la lance ordinaire, et, dès qu'on se mettait en marche, c'était lui qui l'ouvrait. Les martyrs quittèrent Sacaï le 9 janvier : ils parurent devant Nangazaki le 4 février. Le trajet avait duré vingt-six jours, les plus froids de l'hiver, et l'on aura une idée de ce que l'hiver est au Japon, en se rappelant que la neige et les glaçons couvrent pendant plusieurs mois tout le pays. Malgré leurs souffrances, nos saints avançaient d'un pas assuré, le front toujours serein ; ils conversaient ensemble des choses de Dieu, ou méditaient en silence, échangeant entr'eux les témoignages de la plus tendre charité. Les gardes dans une telle société avaient vite changé de manières : les captifs étaient l'objet de leur respect : ils les traitaient avec ménagement et ne manquaient jamais de les recommander à ceux qui les remplaçaient. Ils procurèrent quelquefois aux plus fatigués des chevaux, et même les palanquins usités au Japon. Le voyage se fit pourtant à pied, en grande partie, non sans déchirement, car le froid avait enflé et engourdi leurs jambes.

Dans je ne sais quel endroit du royaume d'Amanguki, le pieux cortége fut remis sous la garde d'un officier païen. Soit méchanceté de caractère, soit haine plus prononcée contre la religion, cet officier se montra dur jusqu'à la brutalité. Non content de recevoir les serviteurs de Dieu avec des paroles grossières, il les renferma, comme un vil troupeau, dans un bouge infect, horrible, vrai repaire de bêtes fauves. Paul Miki, affligé à cause de ses compagnons, parla au farouche geôlier ; et ramené vite à des sentiments de douceur qui contrastaient singulièrement avec sa précédente attitude, il fit plus : il le rendit chrétien de païen qu'il était. Il l'assura d'abord que ni lui ni aucun de ses frères ne pensait à fuir, n'eussent-ils ni chaînes, ni sentinelles, ni verroux : que là-dessus, il pouvait se tenir en paix. Toute la raison de leur conduite était dans l'espoir de la vie éternellement heureuse, qui allait être la récompense de leur mort. Leur contentement n'avait rien de simulé : il le constatait lui-même sur leurs visages : les consolations de leurs cœurs débordaient dans leurs traits. Aucun crime ne les envoyait au supplice : ils étaient condamnés uniquement, parce qu'ils adoraient le vrai Dieu, créateur de l'univers, parce qu'ils pratiquaient et prêchaient la loi que les païens ignoraient et que Taicosama interdisait, ne la connaissant pas lui-même, cette loi, il allait la lui expliquer. Il commença, en effet, à lui développer les principaux mystères de la religion, avec cet enthousiasme qui lui était habituel. L'officier ne perdait pas une parole de Paul. Il trouvait cette doctrine si parfaite qu'il désira compléter son instruction. Il devint croyant, demanda le baptême et le reçut le lendemain, avant le jour.

Du reste, à chaque station de nuit, nos martyrs employaient le temps à leur gré, soit en prières, soit en conférences spirituelles. Quelquefois, tous réunis en communauté, ils écoutaient l'exhortation tantôt d'un Père, tantôt d'un autre. Le soin de leur âme n'entravait pas leur zèle pour le salut de leurs frères, des Japonais surtout. Ils écrivaient les uns à leurs parents, les autres à leurs amis des lettres pleines de piété, de sages conseils, les exhortant, s'ils étaient chrétiens, à mener une vie conforme à leurs croyances : s'ils étaient païens, à se faire instruire et à embrasser la vraie religion. Nous avons plusieurs lettres de Paul Miki à nos Pères de Méaco et d'Ozaca. L'onction divine dont il était rempli découlait sur le papier. Dans une de ses feuilles, il prie, nous ne savons quel Père, d'envoyer à Marie sa mère, une image, gage de son affection filiale, consolation suprême qu'elle emporterait au ciel où son fils la précédait. Il écrivit également à ses intimes Juste Mondono, aux fils de Gue-nifoin, Paul et Constantin, à André Ongasavaro et autres seigneurs qui avaient mis tout en œuvre pour le délivrer, ce dont il ne les remerciait pas, tant s'en fallait. Il leur reprochait, au contraire, une amitié trop humaine dont les tentatives avaient failli lui ravir la couronne du ciel que la bonté divine faisait déjà luire à ses yeux. Pendant les vingt-six jours du voyage, Paul ne cessa jamais de prêcher en route, aux stations à qui voulait l'entendre. Nombreuses furent ses conversions toujours suivies du baptême. Aussi avouait-il que dans les vingt années de sa laborieuse prédication, il ne lui était pas arrivé de parler avec autant de fruit et de consolation qu'à ce dernier pèlerinage de sa vie. « Puisque je suis » condamné à mort, disait-il, pour avoir prêché la divine » loi de Jésus-Christ, je veux la prêcher jusqu'à ma mort » et mourir en la prêchant. » Ce qu'il exécuta comme nous le verrons bientôt, faisant de sa croix une chaire, ayant pour auditoire l'immense multitude accourue au spectacle de son crucifiement. C'est pourquoi, s'il partageait avec ses compagnons l'édification de l'exemple et de la sainte allégresse en face du martyre, il était le seul parmi les religieux qui parlât japonais en perfection. Orateur déjà exercé, l'amour de Dieu qui l'enflammait à ce moment plus que jamais, donnait à son incessante prédication une force et un attrait tout nouveau. Les bonzes étaient furieux. Ils exhalaient leur mauvaise humeur, sans ménagement même pour l'Empereur. « A » quoi avait-il pensé, murmuraient-ils, de faire promener » ces hommes avec tant d'apparat de Méaco jusqu'à Nan- » gazaki, c'est-à-dire dans la moitié de l'empire et de les » exposer dans chaque ville? Ce n'était plus déraciner » l'arbre, là où il avait été planté, c'était le planter là où » il n'existait pas. Ces hommes gardassent-ils le silence, » les voir marcher au supplice avec tant d'impassibilité, » d'autant plus gais qu'ils sont plus près de la mort, » n'était-ce pas suffisant pour en imposer au simple » peuple? Et les voilà qui prêchent encore librement à » des masses de gens que la curiosité attire, et qui, ravis » d'admiration, demeurent suspendus à leurs lèvres pen- » dant qu'ils parlent. » Ainsi débordait la rage des bonzes. Ils avaient été prophètes sans le vouloir. Ils eurent le déboire d'en être les témoins.

CHAPITRE IX.

ADJONCTION DE DEUX NOUVEAUX MARTYRS PENDANT LE VOYAGE. ARRIVÉE DE LA TROUPE A FACATA. LETTRE DU COMMISSAIRE F. P. PIERRE ET DE PAUL MIKI AU RECTEUR DE NANGAZAKI ET AU P. VICE-PROVINCIAL.

Parmi les événements qui illustrèrent la marche des vingt-quatre soldats de Jésus-Christ, le plus remarquable fut l'adjonction de deux nouveaux compagnons. L'action divine fut d'autant plus évidente dans la vocation de ces derniers au martyre, que les hommes n'eurent ni aucun motif ni aucun droit de les y comprendre. Deux chrétiens s'étaient offerts par un sentiment de piété à servir nos saints durant le trajet ; l'un s'occupait des pères Franciscains, l'autre de Paul Miki et de ses deux compagnons. Celui-ci, nommé François, charpentier de profession, avait été baptisé depuis huit mois seulement; l'autre, Pierre Suchegiro, était un chrétien de vieille date. Son amour pour la Compagnie l'avait attaché à nos trois frères : mais le P. Organtin l'avait chargé de veiller sur tous, religieux et laïques ; il lui avait, à cet effet, donné quelque argent pour les besoins communs : car entre de pareilles mains, dans une saison aussi froide et par un chemin aussi long, les pauvres pèlerins n'auraient que trop à souffrir. Tous les deux avaient eu, en se dévouant de la sorte, la pensée, le vœu du martyre, mais sans y compter : le chiffre de vingt-quatre était arrêté : la liste close et les instances de ceux qui à Méaco avaient voulu s'y faire inscrire avaient été repoussées. Ils s'en tenaient donc à leurs fonctions ordinaires, gagnant par leur charité la grâce qu'ils souhaitaient ardemment, mais n'osaient plus espérer. Un jour, les soldats en faction à la prison de Méaco, ennuyés de leurs allées et venues dans les rangs, les prirent à part et leur demandèrent s'ils étaient chrétiens. Oui, certainement, répondirent-ils aussitôt. Eh bien, reprirent les gardiens, chrétiens et tobiri c'est la même chose. Ce nom de tobiri désigne les hommes qui s'engagent d'eux-mêmes au service de quelqu'un. Puisque vous êtes de leurs gens, venez avec eux, et leur mettant la main dessus ils les enchaînèrent avec les autres. Depuis lors jusqu'à Nangazaki nos deux nouveaux captifs furent consignés de poste en poste comme le reste de la troupe. Il ne sortit de leur bouche que des actions de grâces à Dieu pour un bienfait d'autant plus signalé qu'il était moins attendu. Ils ne se plaignirent que d'une chose : leur oreille n'avait pas été coupée et ils avaient perdu l'humiliation de la promenade en charrette. Et puis, à mesure qu'on s'approchait de Nangazaki ils craignaient que le gouverneur, chargé de présider à l'exécution de la sentence, ne voyant pas leur nom sur la liste, ne les renvoyât, mais leurs fers étaient un présent de Dieu. Or, Dieu ne reprend point ce qu'il donne, n'ayant pas à se repentir de l'avoir donné.

Quant au gouverneur de Nangazaki, bien qu'on l'eût prévenu plusieurs fois de la méprise, de l'injustice même des soldats, dans l'arrestation des deux nouveaux prisonniers, il ne voulut jamais les relâcher, déclarant qu'il était plus sûr pour lui de les faire mourir, puisqu'on les lui avait livrés, que de les renvoyer, parce qu'ils ne figuraient pas sur la liste. Nos héros chrétiens virent donc leur nombre et leur gloire s'augmenter. Le 31 janvier ils arrivèrent à Facata où les fidèles du lieu leur rendirent visite, avec grandes démonstrations de charité et de pleurs. Par l'entremise de l'un d'eux, Diego Cogen, avec lequel il était étroitement lié, Paul Miki fit parvenir une lettre au P. vice-provincial et une autre du commissaire P. F. Pierre Baptiste au P. Antoine Lopez, recteur de Nangazaki. Elles avaient été écrites à Catacube, dans le royaume de Bizen : mais on n'avait pas eu d'occasion sûre pour les expédier. Ces lettres contenaient la même demande. Il s'agissait d'obtenir du gouverneur Terazava permission de dire la sainte messe et d'y communier. « Nous sommes partis, vingt-quatre, de Méaco, écrivit le » commissaire, condamnés à être crucifiés à Nangazaki,

» trois religieux de la Compagnie de Jésus, six frères de » Saint-François, les autres Japonais, parmi lesquels » quelques-uns sont prédicateurs. Nous sommes très » heureux de mourir pour la foi. Je conjure, au nom de » tous, votre révérence d'obtenir du gouverneur la per- » mission de recevoir la sainte Eucharistie et la béné- » diction de Monseigneur, deux jours avant notre sup- » plice, et de pouvoir embrasser les Pères de votre » collége. Nous nous recommandons affectueusement à » leurs prières. De Catacube, royaume de Bizen, 19 jan- » vier 1597. »

« Nous arrivons, écrivait de son côté Paul Miki, con- » damné à mourir en croix. Ne soyez pas en peine de » nous, mon révérend Père ; le Seigneur est notre joie, » notre douce consolation. Nous n'avons plus qu'un désir, » c'est de trouver, la veille de notre entrée à Nangazaki, » un Père pour nous confesser. Les Pères Franciscains ne » comprenant pas bien notre langue, nous serions embar- » rassés avec eux. Si le P. Posio est disponible, daignez » nous l'envoyer. Entendre la sainte messe, communier » au moins une fois avant de monter à l'échafaud, c'est le » désir ardent que vous expriment les vingt-quatre cap- » tifs de Jésus-Christ. (Les deux derniers n'avaient pas » encore été pris). Veuillez solliciter cette grâce auprès » de Terazava ou de son lieutenant à Nangazaki. » La supplique fut présentée immédiatement à cet officier ; il promit tout et ne tint rien, à cause de divers incidents qui survinrent. Ce lieutenant était frère de Terazava : Fazamburo était son nom : il était païen. Au nom de son frère qui résidait alors avec plusieurs autres princes dans le royaume de Coraï, il avait reçu de Taicosama l'intendance du Ximo, du moins de toute la partie qui regarde le couchant. C'est en raison de ce poste que le conseil royal l'avait chargé de pourvoir à l'exécution des martyrs. Averti par un courrier de Facata que leur cortége approchait, il avait fait confectionner cinquante croix à Nangazaki. Les habitants, tous chrétiens, étaient surpris de ces préparatifs : « pourquoi cinquante croix, se » demandaient-ils, lorsqu'il n'y a que vingt-quatre con- » damnés ? C'est nous, sans doute, qui fournirons le » contingent des vingt-six autres. Dieu veut nous asso- » cier à leur gloire : il nous prouve combien nous lui » sommes chers. Mais quels seront les élus du ciel ? La » cour les a-t-elle désignés secrètement ? Le gouverneur » peut-il les choisir à volonté ? » Les frères et surtout Mgr Martinez se croyaient sûrs d'être du nombre. Le bruit en courait en ville : des lettres de Méaco, disait-on, l'annonçaient formellement. Les commerçants Portugais, les Espagnols qui appartenaient au vaisseau confisqué pensaient qu'il était question d'eux, et les fidèles de la ville comptaient d'autant plus sur une croix qu'ils étaient plus dévoués à la religion.

CHAPITRE X.

APPARITION DE VOIX MIRACULEUSES : PRÉSAGE DU CRUCIFIEMENT DES MARTYRS.

Au milieu de ce conflit d'espérances et de préparatifs au martyre, on remit en mémoire un miracle arrivé il y avait sept ans. Le sens de ce prodige se manifestait enfin ! Obama est une petite terre à trois lieues environ d'Arima. En 1589, la veille de Noël, un habitant de l'endroit, nommé Léon, bon chrétien, envoya son fils Michel couper un vieil arbre, dont les racines étaient desséchées. Cet arbre avait poussé près de la maison, le long du chemin, sur un rocher. Dans le pays il a le nom de Tara. Il ne porte pas de fruit. Son écorce est épaisse, son tronc couvert de nœuds, hérissé de grosses épines. Sa hauteur est de deux mètres : sa circonférence dépasse un peu sa hauteur. Les païens l'ont en grande vénération. C'est pour eux un arbre sacré. Le premier jour de l'an, ils couvrent leurs portes de ses rameaux, persuadés que leur seule vue met en fuite les démons qui seraient tentés d'entrer. Michel eut vite abattu et dépouillé l'arbre. Mais la nuit vint avant qu'il eût fendu le tronc. Le lendemain matin, Michel revint avec sa hache pour terminer la besogne : c'était l'affaire de quelques coups. Mais à peine a-t-il fendu le tronc, que sur chaque côté paraît une croix, si bien et si exactement tracée, que le plus habile peintre ne l'aurait pas mieux dessinée. Elle avait six pouces de longueur, y compris le titre placé au sommet. La longueur des bras était de trois pouces. La couleur, écrivait-on de l'endroit, était d'un brun foncé, comme celle qu'on remarque sur le vrai bois de la Croix, tandis que le reste de la surface était sans aucune tache, d'une blancheur parfaite. Sur chaque côté, la couleur ne s'incrustait pas plus avant que de l'épaisseur d'une lame de couteau, si bien que, de quelque autre manière qu'on eût fendu le tronc, la croix n'aurait jamais paru entière, ni moins encore imprimée à double face ; car l'une était en saillie, comme moulée dans l'autre : celle-ci était concave. Le reste des côtés intérieurs était très inégal : la fente avait suivi les veines de l'arbre. Michel, à cette vue, saisi d'un saint respect, jette sa hache et court avertir son père. Miracle! lui crie-t-il, venez vite. La chose parut en effet miraculeuse à nos Pères d'Arima. Ils procédèrent à une enquête. Le bois fut retiré dans l'église et devint l'objet de la vénération générale. Monseigneur Martinez le fit enchâsser dans un reliquaire. La vérité du prodige fut bientôt confirmée par des grâces extraordinaires qui augmentèrent la dévotion des fidèles. Des malades furent guéris, des possédés délivrés : un fou recouvra la raison. Le lieu devint un pèlerinage fréquenté non-seulement par les gens du pays, mais par ceux de Bungo, d'Amanguchi, et jusques par-delà Méaco. On arrivait, à pleines barques, même quand la mer était mauvaise : c'était à qui emporterait un éclat, une petite branche de l'arbre où la croix avait été trouvée. Un des plus empressés à venir fut Jean, roi d'Arima. En reconnaissant la croix : « C'est elle-même! » s'écria-t-il, en changeant de couleur; et, se tournant vers les Pères, il leur raconta un songe qu'il avait eu six mois auparavant. Il le leur avait alors raconté : mais personne ne s'en était préoccupé. Pendant son sommeil, il avait vu, d'une façon bien plus précise qu'on ne voit en rêvant, deux grands personnages, posant devant lui. Qui étaient-ils? Il l'ignorait : il avait appris seulement qu'ils descendaient du ciel. Leur extérieur avait une majesté dont les majestés de la terre n'approchent pas. Ils lui avaient reproché, mais avec beaucoup de douceur, de s'être attiédi dans le service de Dieu, de manquer, sur le moindre prétexte, la sainte messe, et autres fautes de ce genre. Ils l'avaient exhorté à reprendre la ferveur de ses beaux jours et à suivre la direcfion des Pères. En se retirant, ils avaient ajouté ces paroles : Sachez que dans vos terres, il y a un signe de Jésus-Christ. Ayez-le en grande vénération : car il ne sort pas de la main des hommes. Après quoi, les apparitions s'étaient évanouies. Dès le lendemain, Jean avait détaillé au P. Gomez et à maint autre ce songe, qui, du reste, l'avait grandement ranimé. Mais, de quel signe voulait-on parler ? Où était-il ? Comment aller à sa recherche ? Se ferait-il découvrir de lui-même, ni Jean ni personne n'en savait rien. On avait donc passé outre et l'apparition était oubliée. Mais à l'aspect de la croix miraculeuse, les souvenirs du roi se ravivèrent : il en fut impressionné vivement et reconnut, à n'en pouvoir douter, qu'à elle se rapportait la prédiction du signe de Jésus-Christ, qui ne devait pas être l'ouvrage d'un homme.

Plus de deux ans après, le 7 février 1592, le même miracle se reproduisit à Faconda, domaine de Sancio, seigneur d'Omura. Dans ce nouveau prodige, l'arbre de Faconda était un arbre fruitier. Le tronc était fendu de la même manière. Quatre croix se dessinèrent sur les surfaces intérieures, avec des particularités encore plus mystérieuses que celles imprimées sur la croix d'Obama. Après les informations requises, elles devinrent aussi l'objet d'un culte public.

Que signifiaient tant de croix révélées miraculeusement ? Chaque fidèle émettait son avis. Les uns y voyaient le triomphe de la croix dans tout le Japon, puisque déjà on accourait de toute part la vénérer. Les autres, frappés du contraste que présentaient les deux arbres où les croix avaient été gravées, l'un réputé funeste aux démons, l'autre portant des fruits, en concluaient que la Croix serait victorieuse des puissances infernales et ferait germer des fruits abondants de conversion. Quelques-uns affirmaient que, pour confondre Taicosama et encourager les chrétiens, Dieu ferait remplacer par ses anges les croix que le barbare Empereur avait fait arracher de ses Etats. Enfin, les plus judicieux, pénétrant dans l'avenir, y voyaient l'annonce d'une persécution qui ferait des martyrs, parce qu'au Japon, la croix est le supplice ordinaire des malfaiteurs. Maintenant qu'on voyait cinquante croix dressées à Nangazaki, ce dernier sentiment devait obtenir l'assentiment général. Cependant on sut bientôt que les vingt-six croix supplémentaires avaient été commandées par un caprice de Fazamburo. Il s'imaginait semer, par ce moyen, l'épouvante chez les chrétiens. Il se trompait étrangement : car le P. Gomez, vice-provincial, eut de la peine à comprimer l'ardeur immodérée de plusieurs, qui, pour s'assurer le martyre, avant que le gouverneur eût alloué les croix, s'empressaient d'en réclamer une pour eux, se dénonçant hautement chrétiens. On vit à Nangazaki ce qu'on avait déjà vu à Ozaca, à Méaco, des enfants eux-mêmes s'offrir à la mort avec un élan admirable de courage. Nous en citerons deux traits.

Un mari et sa femme, l'un et l'autre de noble caste et de haute piété, demeurant à Nangazaki, discouraient ensemble, un soir, sur la manière de se disposer au martyre. Comme il était tard, leurs deux petits enfants étaient couchés ; un rideau les séparait de leurs parents. L'aîné avait dix ans ; le cadet, cinq ou six. Les parents les croyaient endormis. Mais l'aîné avait suivi leur con-

versation, et se levant à l'improviste : « Je vous écoute,
» leur dit-il, vous devez mourir pour la religion : vous en
» êtes certains ; sans cela, vous ne vous occuperiez pas
» autant de préparatifs. Et vous ne m'en dites rien. De
» grâce, ne me le cachez pas. » Les parents, soit parce qu'ils s'y attendaient véritablement, soit pour voir quel effet la nouvelle produirait sur leur fils, lui avouèrent qu'ils croyaient leur mort inévitable. Prenant alors un visage serein, de triste qu'il était : Je m'en réjouis, répliqua l'enfant, et pour vous, que Dieu juge dignes d'un si grand honneur ; et pour moi, sans lequel vous ne voudriez pas quitter la vie. Puis, pensant à son petit frère endormi et le montrant du doigt : Que ferez-vous de lui ? ajouta-t-il. — Il partagera notre sort, répondit le père : car tous, nous serons immolés pour la foi. — Tant mieux, mon père, reprit l'enfant, nous irons ensemble au paradis : c'est ce que je veux. Je serai au comble du bonheur.

L'autre trait a été fourni par un petit enfant de cinq ans, appartenant également à une noble famille de Nangazaki. Un de nos Pères voulut mettre son courage à l'épreuve. Il lui parla de la persécution qui sévissait. Les bourreaux approchaient et tous les chrétiens seraient égorgés. Si l'on vous interroge sur votre religion, que répondrez-vous ? — Je répondrai nettement que je suis chrétien, dit l'enfant. — Et si l'on menace de vous tuer ? — Plaise à Dieu qu'ils aient cette intention : voilà comment je me mettrai. Il s'agenouilla et tendit son cou, comme si le glaive allait le trancher. — Mais, en attendant le bourreau, et quand vous lui présenterez la tête, que direz-vous ? — L'enfant, embarrassé, croyant qu'il lui faudrait dire des choses qu'il n'avait point apprises, fondit en larmes. Puis, se ravisant : Mon père, j'invoquerai Jésus et Marie tant que je pourrai parler, jusqu'à ce qu'on m'aie coupé la tête. S'il y a autre chose à dire, faites-le-moi connaître.

CHAPITRE XI.

DIVERS INCIDENTS SURVENUS AUX MARTYRS, EN APPROCHANT DE NANGAZAKI. — AMITIÉ DE FAZAMBARO ET DE PAUL MIKI. — JOIE ET FERVEUR DE PAUL. — JEAN DE GOTO ET JACQUES KISAÏ FONT LES VŒUX DE RELIGION. — HUMILITÉ DES MARTYRS DEVANT LES HOMMAGES QUE LES CHRÉTIENS LEUR RENDENT. — ENTREVUE DE JEAN AVEC SON PÈRE.

Le convoi de nos bienheureux touchait à Sononghi, résidence du prince d'Omura, à neuf lieues de Nangazaki, dernière étape de leur voyage, comme le jour qui venait de luire était le dernier de leur vie. Ils marchaient à pied selon leur désir, malgré leur extrême fatigue, les engelures et l'enflure occasionnées par le froid. Mais ils avaient cru devoir cette marque de respect au lieu de leur martyre, puisqu'ils en étaient si près. Le peu qui leur resterait de route, ils devaient l'achever par la voie de mer. Dans ce parcours, la troupe ayant fait halte un instant, le commissaire P. F. Baptiste s'assit sur une pierre, et, absorbé par ses réflexions, il se mit à pleurer. Les gardes n'étaient pas habitués à surprendre des larmes aux yeux de leurs prisonniers, depuis Méaco. Au contraire, ils n'avaient vu que de joyeux visages. Aussi chuchotèrent-ils entre eux : Allons, le voisinage de Nangizaki et de la croix commence à opérer. On n'est

plus aussi en train que lorsqu'on était encore éloigné de la ville. Autre chose est : saluer la mort de loin, autre chose, la voir de près. Les uns par compassion, les autres par moquerie, les apostrophaient, convaincus que P. F. Pierre pleurait de douleur et de crainte en face de la mort. Paul Miki les entendit, et s'approchant du commissaire, il le pria de retenir ses larmes, parce que les païens leur donnaient une fausse interprétation. Le commissaire faisant venir Gonzalès, frère convers, qui parlait japonais, lui commanda de dire aux soldats, qu'ils se trompaient grandement, s'ils s'imaginaient que la crainte de la mort le fît pleurer. Donner sa vie pour le salut des âmes n'avait rien d'effrayant. « Je pleure, con-
» tinua-t-il, parce qu'étant venu au Japon pour y éta-
» blir mon ordre, je me vois frustré dons mon attente.
» Hélas ! Dieu seul pourrait nous révéler le moment que
» lui seul connaît, mais jusqu'à présent, ni l'ordre de
» S. François, ni aucun autre n'a pu s'établir au Japon ;
» il n'a pas même été possible d'y relever les autels
» de Jésus-Christ et d'y ressusciter la foi. Ces plages
» demeurent ensevelies dans de profondes ténèbres, elles
» qui ont été arrosées, pendant plus de cinquante ans,
» par des torrents de sang, et défrichées par des cen-
» taines d'ouvriers apostoliques, européens ou indigè-
» nes, immolés ensuite dans les plus affreux supplices.
» Mais non, si rebelle et si dur que soit le terroir, il
» n'est pas voué à une perpétuelle stérilité. Les vertus
» chrétiennes y fleuriront encore. La moisson rendra
» cent pour un. Ce sera au jour fixé par la Providence
» divine, lorsque N. S. jettera sur le Japon des regards
» de miséricorde. Heureux alors le moissonneur envoyé

» pour la récolte. Il ramassera le produit des sueurs et » du sang versé par ses devanciers. »

Fazamburo était venu de Nangoia à Sononghi recevoir le convoi des condamnés, les passer en revue et régler leur dernière marche jusqu'au lieu de l'exécution. Il était lié d'amitié avec Paul Miki; il avait plus d'une fois assisté à ses sermons. Les larmes inondèrent ses yeux, il ne savait comment exprimer son chagrin, lorsqu'on lui livra son ami, avec la charge pour lui de le conduire à la mort, et à la mort la plus ignominieuse. Mais Paul, avec un visage riant : « Ne me pleurez pas, seigneur, lui dit-il ; » enviez plutôt la mort que je vais recevoir. Je ne suis » condamné que pour avoir prêché la loi du vrai Dieu, et » montré qu'elle seule sauve les âmes, que sans elle, on » se perd éternellement. Essuyez donc vos yeux. Au lieu » de vos témoignages de pitié, donnez-nous un gage » d'affection qui nous sera beaucoup plus agréable. Nous » voudrions nous confesser, entendre la sainte messe et » communier. » Le commissaire ajouta qu'ils voudraient bien être crucifiés le vendredi. Fazamburo, qui n'avait pas encore donné accès aux soupçons dont nous parlerons plus bas, promit tout avec beaucoup de bienveillance. Ayant fait ensuite comparaître les captifs, il remarqua ce jeune Louis déjà mentionné dans notre histoire. Soit par commisération, soit parce que la vivacité de ses manières lui avait plu, il lui demanda s'il voulait être son domestique, avec promesse de la vie s'il consentait. Je suis aux ordres du commissaire, répliqua Louis. Le commissaire répondit sagement qu'il pouvait s'engager, pourvu que le gouverneur lui laissât la liberté de suivre sa religion. « Pas du » tout, répondit Fazamburo ; au contraire, avant qu'on

» te délie les mains, tu vas renier la loi et embrasser la » mienne. » — « A ce prix, déclara Louis, je renonce à » vivre. Sacrifier une vie éternellement heureuse pour une » vie courte et misérable, ce serait un triste échange. » A cette réponse, Fazamburo se retourna brusquement et revint à Nangazaki. Il était à peine sorti, qu'entrèrent, pour lui parler, les pères François Pasio et Jean Rodriguez que le P. Gomez, vice-provincial, avait députés, à la lecture des lettres que le P. F. commissaire et Paul Miki lui avaient écrites. Ils apportaient avec eux ce qui était nécessaire pour la célébration de la messe, et ils voulaient prier Fazamburo d'acquiescer à la demande du commissaire; mais il leur fut impossible de le joindre; il avait pris un autre chemin. Les gardes les pressèrent de se retirer et ne voulurent même pas leur permettre un instant d'entretien avec nos martyrs. Cependant le Père Rodriguez se prévalant de son titre d'interprète que Taicosama lui avait conservé, fut enfin introduit. Ce fut alors une explosion de salutations joyeuses, de douces larmes, de tendres embrassements entre le Père, les six Franciscains, les trois confesseurs de la Compagnie et les dix-sept autres laïques qui formaient la majeure partie de cette sainte milice. Le P. F. commissaire Pierre-Baptiste montra le plus d'attendrissement, surtout à la lecture de la sentence dont le P. Rodriguez avait une copie et que le P. franciscain ne connaissait que vaguement. Il apprit que Mgr Martinez avait fait part aux Portugais des dispositions généreuses avec lesquelles tous allaient glorifier Dieu par leur sacrifice. Tous les chrétiens s'unissaient à eux dans un sentiment de douleur qu'ils ne pouvaient refuser à leur inique condamnation, mais encore plus

d'admiration pour leur vertu. « Tous ces éloges, répon-
» dit-il avec beaucoup de modestie, conviennent bien
» mieux aux trois confesseurs de sa société et il ne savait,
» lui, comment exalter leur ardeur pour le martyre. »

Le P. Rodriguez conversa ensuite avec Paul Miki, lui transmettant les commissions des Pères et recevant les siennes. Tous les Pères lui enviaient le choix que Dieu avait fait de lui et regrettaient de n'être pas compris dans la sentence. Mais leurs prières, leurs messes, leurs mortifications, ils les offraient toutes pour lui et ses deux frères. « Paul lui parlant à l'oreille, lui confessa qu'outre la joie qu'ils éprouvaient tous à mourir pour la foi, un autre motif le consolait, c'est que, malgré la tempête, les affaires de la Compagnie étaient loin d'être ruinées à la cour de l'Empereur. Son cœur lui disait que non seulement leur mort n'affaiblirait pas la sainte Eglise au Japon, mais qu'elle lui vaudrait de l'accroissement, parce que dans les trente-deux jours de leur voyage, ses prédications n'avaient pas cessé d'être écoutées avec respect et docilité : dans la prison d'Ozaca, il avait baptisé six idolâtres, sur leurs instances réitérées, voulant, disaient-ils, naître au christianisme dans un cachot et par le ministère d'un condamné à mort pour la même foi qu'ils embrassaient. Sur ces six, il y avait un soldat riche et noble qui était venu le visiter à Méaco et y faire profession publique de sa religion. Ce sont là des preuves évidentes, concluait Paul, que la foi est plus forte pour entraîner les païens que la crainte de la mort pour faire apostasier les fidèles. Il avait à lui seul gagné deux fois plus d'idolâtres qu'il ne s'était perdu de chrétiens. »
Enfin, le P. Rodriguez embrassa nos deux frères Jean de

Goto et Jacques Kisaï, leur promettant, au nom du R. P. Provincial, qu'avant peu ils prononceraient les trois vœux de religion. Quant aux deux qui avaient grossi, en route, le cortége sacré et dont la joie ne se démentait nullement, Rodriguez, familiarisé à la langue japonaise, leur fit une exhortation digne de sa piété comme des circonstances et des auditeurs. Elle dilata toutes les âmes. Il fallut se séparer. Les gardes menaçaient déjà d'employer la violence. Les adieux se firent entre les larmes et les embrassements. Le P. Rodriguez et le P. Pasio revinrent, la nuit même, à Nangazaki, pour voir Fazamburo. Mais les dispositions de cet officier, concernant les permissions accordées naguères au commissaire et à Paul Miki, s'étaient entièrement modifiées. Sa première pensée avait été de faire entrer le convoi à Nangazaki. Une prison avait été préparée. Mais il réfléchit que les chrétiens s'aimaient entr'eux plus tendrement que des frères. Or, tous les habitants étaient chrétiens. De plus, il y avait en ville bon nombre de Portugais et d'Espagnols, appartenant les uns au navire commerçant, les autres au galion confisqué. Un soulèvement général était facile. Ils n'avaient qu'à fondre à main armée sur la prison. Quelle force opposerait-il à leur attaque? Le parti le plus sûr était donc de diriger sans retard les condamnés sur le lieu de l'exécution; ils pouvaient y arriver en ligne directe, sans traverser la ville; ils seraient immédiatement mis à mort. A cet effet, il fit creuser les fosses, transporter les vingt-six croix et publier par des crieurs dans tout Nangazaki défense absolue d'assister à la mise en croix des patients sous peine de mort. Evêque, pères, Japonais et Européens étaient consignés chez eux. D'un autre côté, voulant échapper, autant que possible, au reproche d'avoir mal tenu ses promesses, il fit prévenir les Pères dans la nuit que des obstacles survenus l'empêchaient d'accorder tout ce qu'ils lui avaient demandé. Mais que les Pères Rodriguez et Pasio n'avaient qu'à se rendre au palais, de grand matin, il les ferait conduire par un de ses subordonnés qui en aviserait les gardes, afin que leurs trois frères pussent se confesser. Les Pères furent ponctuels. En prenant congé d'eux, Fazamburo les pria de porter ses excuses aux autres condamnés.

Entendre la messe, mourir un vendredi pouvaient être une consolation, non une nécessité de salut. Ils étaient bien assurés du ciel, dès lors qu'ils mouraient pour la foi. Les deux Pères lui arrachèrent pourtant une permission, mais non sans revenir à la charge : c'était d'assister au supplice de leurs Frères. Ils partirent là-dessus : le P. Pasio voulut attendre le convoi à Uracami, dans la chapelle de l'hôpital Saint-Lazare, à une petite distance du théâtre où le sacrifice devait être consommé. Le P. Rodriguez, avec le même guide qui l'avait conduit aux prisons, alla à la rencontre des martyrs : il leur importait de savoir qu'ils seraient mis sur la croix, dès leur arrivée au lieu de l'exécution. Le trajet de Sononghi à Tochizo s'était effectué par mer. Les prisonniers, excepté les Franciscains, enchaînés deux à deux par une corde qui leur partait du cou, avaient les mains liées derrière le dos. Ces cruelles précautions venaient de la crainte qu'ils ne voulussent se sauver à la nage. Il leur fut défendu de descendre à terre, et ils restèrent à bord toute la nuit, en plein air, horriblement maltraités par le froid. Ils venaient de quitter Tochizo, lorsque le

P. Rodriguez les rencontra, à une heure de Nangazaki. Le commissaire supportait avec peine le mouvèment du cheval. Ses compagnons moins épuisés le suivaient à pied. Le P. Rodriguez les avertit qu'ils devaient se préparer à mourir : ce qui leur restait de chemin à faire était la mesure du temps qu'ils avaient à vivre. Nos Saints accueillirent cette annonce avec des actions de grâces et de nouvelles démonstrations de joie. On aurait dit un cortége nuptial. Le P. Rodriguez marchait au milieu d'eux, adressant à l'un et à l'autre quelques mots courts, mais brûlants, comme Dieu les inspire, à pareil moment, comme les lui inspirait la ferveur de la sainte troupe. Ce ne fut pas sans essuyer quelques brutalités de la part des soldats : ce qui arriva à d'autres chrétiens distingués de Nangazaki, qui s'étaient glissés furtivement dans les rangs des confesseurs, afin de les embrasser.

Arrivés à Saint-Lazare, l'officier, selon la commission qu'il en avait reçue, sépara nos trois Frères. Ils firent leur confession générale au P. Pasio, ayant toujours les mains liées derrière le dos. Les deux catéchistes, Jean et Jacques, prononcèrent, en pleurant de joie, les vœux ordinaires de la Compagnie. Pendant ce temps-là, des Portugais et plusieurs notables de la ville avaient obtenu de Fazemburo, comme ils le racontèrent après, permission d'embrasser les martyrs, de leur porter et d'en recevoir les dernières consolations : et comme le lieu où l'on exécutait les criminels était infâme, qu'il y avait encore des croix où pendaient les cadavres d'anciens malfaiteurs, ce qui faisait un spectacle aussi hideux qu'infect, les Portugais avaient prié Fazamburo d'accorder à des hommes qu'aucun délit n'envoyait à la mort un endroit plus convenable à leur innocence. Ils s'en étaient entendus, auparavant, avec nos Pères qui avaient eux-mêmes indiqué le terrain, dans la pensée d'y bâtir un jour une chapelle, sous le vocable de Notre-Dame des Martyrs. Ils l'avaient obtenu. Ils avaient encore demandé que les croix s'étendissent sur une seule ligne, et que pour l'exécution des martyrs, on suivît l'ordre qu'ils indiquaient. Fazamburo acquiesça à tout, exprimant son profond regret d'avoir à concourir au supplice de victimes aussi innocentes. Il avait versé bien des larmes d'admiration sur leur grandeur d'âme, surtout au souvenir de Paul Miki ; mais, puisqu'il en devait être ainsi, une chose qui était vraie, allégeait sa peine. Quel qu'eût été le ministre de Taicosama, chargé à sa place de veiller à l'exécution, ses procédés auraient été tout autrement rigoureux, envers les martyrs, les chrétiens de Nangazaki, et les seigneurs d'Arima et d'Omura sur lesquels il avait juridiction et des instructions particulières ; et comme ces seigneurs étaient à la tête du mouvement religieux, dans leurs Etats, il ne tenait qu'à lui de les en dépouiller.

Pendant qu'on transportait les croix et qu'on creusait les fosses dans le nouvel emplacement, les martyrs profitaient de cet intervalle pour se mieux préparer dans l'hôpital de Saint-Lazare. Les fidèles accourus en grand nombre s'empressaient de les embrasser, de leur faire leurs recommandations personnelles, exigeant d'eux la promesse qu'ils porteraient aux pieds de Notre-Seigneur le souvenir de leurs Frères survivants, et ne se lassaient pas de les féliciter de ce que, dans un instant, leurs âmes bienheureuses s'envoleraient du haut de la croix, pour voir Dieu et le posséder. Quelque mérités que fussent les hommages rendus par les chrétiens, ils désolèrent ceux auxquels ils étaient adressés. « Nous, bienheureux et martyrs, s'écriaient-ils unanimement : Vous vous trompez : nous sommes pécheurs : croyez-le bien, et demandez à Dieu que notre sang puisse laver notre âme de ses souillures. » Trois Portugais se jetèrent aux pieds de Paul Miki et s'efforcèrent de lui baiser les pieds. Paul qui ne connaissait pas leur langue, fit comprendre sa confusion par la rougeur qui lui monta au visage et recula précipitamment. Mais à l'égard des Japonais essayant d'imiter ceux du Portugal, il se montra sévère du geste et de la parole. « Que faites-vous? pourquoi me contrister à ma dernière heure? Si vous m'aimez, c'est devant Dieu qu'il faut vous prosterner ; demandez-lui qu'il me pardonne : car il sait, lui, combien je suis coupable. Que le sacrifice de ma méchante vie soit un à compte sur la dette de mes péchés. Qu'il daigne unir ma croix et ma mort, à la croix et à la mort de Jésus-Christ. » Et pourtant cet humble religieux était si plein de Dieu et de son Esprit, qu'il semblait hors de lui-même. Son visage était enflammé comme son cœur. A droite et à gauche, il exhortait ses Frères, prêchait ceux qui formaient cercle autour de lui, répétant à haute voix la prédiction qu'il avait faite en secret au P. Rodriguez, que leur mort, loin de nuire à la religion contribuerait à la faire prospérer, et l'on remarqua qu'il donnait à ses paroles une accentuation ferme et assurée, comme s'il eût vu des yeux les événements de l'avenir. Quant au serviteur de Dieu, Jacques Kisaï, son âme surabondait de consolations.

A quelques heures de distance, il avait reçu du ciel les deux plus grandes grâces qu'il pouvait souhaiter, son admission dans la Compagnie et l'honneur de mourir pour son divin maître en confessant sa foi. Il éprouva néanmoins une vive peine de la part de quelques chrétiens. Ceux-ci, après l'avoir embrassé, lui demandèrent en souvenir un morceau d'étoffe qui pendait à sa ceinture. Jacques comprit qu'on le lui demandait comme relique et répondit par un refus absolu. Mais ses mains étant attachées derrière le dos, il lui fut impossible de se défendre. La relique fut prise, malgré ses réclamations. Rien, toutefois, ne fut beau à voir comme l'entrevue de Jean de Goto avec son père, venu exprès pour donner à son fils et recevoir de lui le baiser de suprême adieu. Dans cette rencontre comme sous la croix où ils se virent de nouveau, il n'y eut ni effusion de larmes, ni paroles de tristesse. La joie du ciel parut seule : elle n'étonnait pas dans un martyr qui se voyait sur le seuil du paradis. Mais quelle force d'âme elle prouvait dans le père ! Jean lui recommanda simplement de ne jamais offenser Dieu, et d'assurer de plus en plus le salut de son âme. A son tour, le saint vieillard recommanda à son fils, jeune homme de dix-neuf ans, de ne pas démentir jusqu'à la fin la constance qui sied à tout confesseur mourant pour la gloire de Jésus-Christ, et la défense de la vérité, lui certifiant que sa mère et lui enviaient sa croix, et que si Dieu les en jugeait dignes, de bon cœur pour la même cause, ils donneraient leur sang et leur vie. Jean pria son père de transmettre au P. Pierre de Monrécon ses derniers souvenirs : il avait été son catéchiste, pendant plusieurs années, et le moment heureux où il se trouvait était la meilleure preuve du profit spirituel qu'il avait retiré de sa direction. Nos trois martyrs ne voulant garder que les médailles ou autres objets de leur piété qui leur serviraient à gagner les indulgences, se firent ôter leurs reliquaires et leurs chapelets, afin qu'ils ne tombassent pas entre les mains des païens. Le P. François Pasio embrassa de nouveau les six religieux de saint François qu'il connaissait et aimait tendrement, et revint avec son trésor à Nangazaki, moins pour remercier Fazamburo des instants qu'il venait de passer avec nos saints, que pour solliciter de lui la même faveur accordée au P. Rodriguez, celle d'assister à leur exécution. Fazamburo le lui permit. Mgr Martinez fut moins heureux, malgré toutes ses instances. Le gouverneur donna pour raison que, vu sa dignité d'évêque, sa présence aurait une publicité dont Taicosama serait mécontent, quand il l'apprendrait. Entravé dans un de ses plus chers désirs, Monseigneur envoya sa bénédiction aux martyrs.

CHAPITRE XII.

DESCRIPTION DES CROIX ET DU MODE DE CRUCIFIEMENT AU JAPON. — DÉTAILS PARTICULIERS SUR QUELQUES-UNS DES VINGT-SIX CRUCIFIÉS. — HARANGUE DE PAUL AU PEUPLE, DU HAUT DE SA CROIX.

Survint bientôt après un employé du tribunal. Fazamburo intimait aux condamnés l'ordre de partir sur le champ. Il se fit alors un concert d'actions de grâces, d'acclamations joyeuses, de fraternelles salutations et encouragements qui tira des larmes de tous les assistants. Le nouvel emplacement choisi pour l'exécution des martyrs était une colline à pente douce, située au-delà du chemin, près de la mer, en face de Nangazaki. On avait nivelé sa crête pour placer les vingt-six croix sur une même ligne, à quatre pas de distance l'une de l'autre. A divers points du côteau, Fazamburo avait détaché des carabiniers et des lanciers. A huit pas des croix, étaient deux rangs de sentinelles ayant entr'autres armes un gros bâton, pour empêcher qu'on ne franchît l'enceinte ouverte aux seuls PP. Pasio et Rodriguez. Les croix, au Japon, indépendamment de la traverse d'en haut sur laquelle les bras du patient sont étendus, ont en bas comme un escabeau pour les pieds. Les jambes, au lieu d'être superposées, ou serrées l'une contre l'autre, sont écartées. Sur le devant, au milieu de l'arbre est un billot ; lorsque la croix est élevée perpendiculairement, ce billot sert de siége, soutient le corps et prolonge la vie. Au lieu de clous, on se sert de quatre anneaux ou menottes de fer, fixées à la croix. Deux serrent l'avant-bras, au-dessus du coude ; deux embrassent le tibia de la jambe, au-dessus de la cheville. Le cou est immobilisé par un collier de fer. Quelquefois un cercle de fer ou une corde comprime la poitrine. Deux autres lient les bras entre le coude et l'épaule. Nos martyrs eurent les fers aux pieds et aux mains : au cou et aux reins, les uns furent liés par une corde, les autres par un cercle de fer. Tous ces bandages et le billot de support maintiennent le corps plus longtemps sur la croix. Même après la mort, les cadavres demeurent suspendus, jusqu'à ce que les membres et les os s'en détachent d'eux-mêmes. Bien loin d'être exposés dans une honteuse nudité, chaque supplicié garde son habit. Personne ne songe à le lui voler, si riche soit-il. Le patient s'allonge sur la croix horizontalement couchée. La croix s'élève ensuite : on l'enfonce solidement dans la terre, et les condamnés reçoivent de suite le coup de grâce ; ou bien, on les laisse souffrir quelque temps. Il suffit d'un ou deux coups de lance : le premier au côté droit, de manière à ce que le fer sorte par l'aisselle gauche ; le second, en sens opposé. Le cœur est ainsi percé en forme de croix, et comme les lances ont leur bout pointu, effilé sur les deux revers, il est rare que le premier coup n'achève le mourant. Les bourreaux sont très habiles dans leur métier. C'est un point d'honneur chez eux d'en finir avec le patient, quand bon leur semble. Il leur arrive pourtant de se tromper, de recommencer jusqu'à trois et quatre fois, et même d'en venir à couper la gorge.

Nos martyrs parqués dans un cercle de soldats, en apercevant les croix qui leur étaient destinées, cèdent aux divers mouvements de leur ferveur. L'un tombe à genou devant l'instrument de son supplice ; l'autre l'embrasse. La plupart, les yeux au ciel, renouvellent le sacrifice de leur vie. On en vit demander à être cloués. P. F. Martin entonne, d'une voix vibrante, le psaume *Benedictus Dominus Deus Israël*. Le jeune Louis plein de feu veut connaître de suite quelle sera sa croix. On en prend une à sa taille ; de lui-même, il s'étend sur elle, en criant : Paradis ! paradis ! Fazamburo avait recommandé aux exécuteurs d'user de tous les ménagements possibles envers les condamnés, et aux bourreaux de les expédier sans les faire languir. Ce fut sans doute aussi par ses ordres qu'on poussa l'attention jusqu'à travailler et polir les croix; car ordinairement, on laisse l'arbre avec son écorce, tel qu'on l'a coupé dans la forêt. Malgré ces précautions, Paul Miki eut à souffrir plus que les autres. Etant trop petit pour s'asseoir sur le billot, un des bourreaux le lia fortement par le milieu du corps, et un autre, pour l'étirer davantage, commençait à lui poser le pied sur la poitrine. Mais l'un des deux Pères qui étaient présents supplia le barbare d'être plus humain. Paul, heureux d'ajouter ce surcroît de torture à celle de sa croix : « De grâce, ne l'empêchez pas, mon Père, lui cria-t-il. » Les martyrs, ayant chacun leurs exécuteurs, se trouvèrent attachés à leur croix en même temps, et au même signal levés au-dessus de terre. Sans vouloir décrire l'ordre dans lequel ils étaient placés, détail peu nécessaire, nous dirons seulement que Jacques Kisaï était le cinquième sur la ligne, du côté de l'est, Paul Miki le sixième et Jean de Goto le septième. Le commissaire P. F. Pierre-Baptiste était au onzième rang. Venaient après lui les religieux de son ordre, deux prêtres, un clerc et deux Frères convers. Ils avaient tous le visage tourné vers Nangazaki ; vu la proximité de la ville, les fenêtres, les balcons, les terrasses des maisons étaient garnies de spectateurs. Il y en avait en masse au bas de la colline; partout où il était possibie d'avoir vue sur ce sanglant théâtre. On évalue à plus de quatre mille le nombre de chrétiens ou de païens, de Portugais ou d'Espagnols, des gens appartenant à toutes les classes, accourus sur les lieux. Les défenses de Fazamburo n'avaient arrêté ni la curiosité des idolâtres, ni la dévotion des fidèles. C'était, en effet, un spectacle dont tous les Japonais auraient dû être témoins. Les ennemis de Jésus-

Christ, les plus prononcés, furent contraints de céder à l'attendrissement général. Ils pleurèrent comme les autres. Au moment où la ligne entière des crucifiés se dressa par-dessus les têtes, une aussi belle auréole de sérénité et de sainteté illumina leur visage qu'on les aurait crus déjà sur leurs trônes célestes. Les yeux en haut, ils réitérèrent encore l'oblation de leur vie à Dieu, s'entretinrent après avec lui, selon les inspirations de leur cœur. Le P. F. commissaire demeura immobile, absorbé dans le silence. P. F. François Blanc louait Dieu en sa langue. P. F. Martin récitait des psaumes. F. Gonzalez, convers, des îles Canaries, répétait l'Oraison dominicale et la Salutation angélique. Antoine, enfant de treize ans, entonna en plain-chant le *Laudate pueri Dominum* qu'il avait appris au catéchisme de Nangazaki : c'est là qu'il avait été élevé. Un des Pères l'avait baptisé, et son propre père l'avait présenté pour être catéchiste. Mais refusé par défaut d'âge, les PP. Franciscains l'avaient pris à leur service. Un des assistants ayant dit au jeune Louis de redoubler de confiance, parce qu'il serait bientôt au Paradis, l'enfant se mit à tressaillir de tout son corps; il remuait les mains, les pieds, comme s'il eût voulu danser sur sa croix. Les idolâtres en furent ébahis. Heureux martyr! il ne comptait que douze ans de vie et dix mois de baptême. Parmi nos trois Frères, Jean de Goto, dans le transport de sa charité, exhortait à la constance son compagnon de droite. Son front était si radieux qu'il attirait tous les regards. Du bas de sa croix, un Père lui montrait le ciel où Dieu allait le recevoir. « Le ciel, lui répondit-il, ah! rassurez-vous, je l'ai déjà dans mon cœur. » Le père de ce novice n'était ni moins courageux ni moins ardent que son fils. Il l'avait suivi, depuis l'endroit du chemin où nous l'avons rencontré, jusqu'au lieu du supplice ; il avait voulu recueillir son dernier soupir, et quand ses paroles n'étaient plus entendues, à cause de la distance, du geste et des yeux, il s'unissait encore à lui dans un dernier acte d'héroïque charité. Dès que son fils eut expiré, circonstance digne de passer à la postérité, ce chrétien admirable dans sa foi, se reconnaissant père privilégié d'un martyr, se précipite vers la croix où Jean venait d'être immolé, la couvre de baisers, déchire ce qu'il peut des vêtements de son fils, les trempe à diverses reprises dans son sang et va porter ces précieuses reliques à son épouse qui les reçut en mère chrétienne avec le respect et la joie qu'elle puisait dans sa haute piété.

Mais celui qui, dans la dernière scène de ce sublime drame se montra le plus apôtre et martyr, ce fut Paul, Miki. Sa croix était déjà une chaire éloquente par elle-même. Cependant, embrassant de son regard l'immense auditoire qui ondulait devant lui, d'une voix sonore et qui commanda soudain le silence : « Mes frères, s'écria-t-il, écoutez-moi, je vous prie. Je ne suis point étranger : je ne viens pas des Philippines. Le Japon est ma patrie comme la vôtre. Je suis enfant de la Compagnie de Jésus. Si je meurs sur la croix, ce n'est pour aucun crime, c'est pour avoir prêché la loi de Notre-Seigneur Jésus-Christ. Ah ! mourir pour une si belle cause, c'est ma gloire, c'est mon bonheur, c'est la plus grande récompense de mes travaux. Je touche à ma dernière heure, et ce n'est pas maintenant, croyez-le, que je voudrais vous tromper. Je vous déclare donc et vous jure qu'il n'y a point d'autre loi à

» observer, point d'autre voie à suivre pour être sauvé
» que la religion chrétienne. Un de ses préceptes nous
» prescrit de pardonner à nos ennemis, de leur rendre le
» bien pour le mal. Je pardonne donc à Taicosama, je
» pardonne à tous ceux qui ont quelque part à ma mort.
» Bien loin de concevoir pour eux la moindre aversion, je
» demande à Dieu leur salut, celui du Japon tout entier, et
» par conséquent sa conversion à Jésus-Christ. » Ces paroles furent prononcées avec tant de véhémence et d'amour que les soldats eux-mêmes s'approchèrent pour n'en perdre aucune. Les chrétiens s'empressèrent de les écrire : elles ont été consignées dans les divers procès de la canonisation. Se tournant ensuite vers ses compagnons de droite et de gauche que les bourreaux s'apprêtaient à frapper, Paul continua à les exhorter, tant par la joie qui brillait dans ses traits que par ses discours. A la fin, se recueillant au-dedans de lui-même, levant les yeux au ciel auquel déjà appartenaient toutes ses pensées, il répéta, jusqu'à ce que la lance l'interrompit, cette invocation du prophète : *In manus tuas commendo spiritum meum*, imitant dans cette même prière Jésus crucifié, comme il l'avait imité dans le pardon de ses persécuteurs, dans son zèle pour le salut des âmes, exercé jusques sur la croix.

Lorsque les gibets furent tous dressés sur pied, quatre exécuteurs tirèrent du fourreau le fer de leur lance ; et se mettant à l'œuvre, chacun de leur côté, ils eurent vite achevé le martyre de nos saints. La plupart expirèrent au second coup ; très peu reçurent le troisième. Les Pères Pasio et Rodriguez suivaient les bourreaux, et à mesure que ceux-ci frappaient, ils suggéraient aux victimes les sentiments que fournissait une pareille agonie. Les chrétiens, au moment où le fer fut dégaîné, et successivement à chaque coup, invoquaient Jésus et Marie, et cela d'une voix si forte, qu'on les entendait des faubourgs opposés de Nangazaki. Et quoique les soldats fissent la haie autour des croix, ils ne purent pas empêcher les chrétiens de passer outre, les uns ramassant dans leurs mains, les autres dans un linge préparé d'avance, le sang des généreux confesseurs qui coulait par torrents des blessures faites par la lance. Un chrétien, pour ne pas perdre une seule goutte de sang de Paul Miki, du pan de son habit fit une espèce de bassin aussi large que possible, et en recueillit une grande quantité. A son exemple, un Italien, Jean-Baptiste Bonacina, passant de l'autre côté, imbiba à diverses reprises un linge dans le sang de Paul Miki et d'autres religieux : il en remplit une fiole qu'il porta à Macao. Les soldats jouaient du bâton, dans tous les sens, pour écarter la foule : ils frappèrent même si rudement des Portugais et des Japonais, que ceux-ci en gardèrent le lit plusieurs jours. Vains efforts. Les fidèles auraient volontiers échangé une grande partie de leur sang pour quelques gouttes de celui des martyrs. Cependant Fazamburo, excédé, fit mettre les lances en arrêt et refouler, à force de coups, la multitude jusqu'à Nangazaki. Mais à peine eurent-ils disparu, lui et sa troupe, que les chrétiens revinrent recueillir le sang empreint sur la croix, enlever la terre rougie, se partager les vêtements, surtout ceux des religieux : ce qui leur était facile, les croix étant assez basses pour qu'un loup, en se dressant sur les pattes de derrière, pût mordre aux corps inanimés. Les choses allèrent même si loin, que le Procureur de la Miséricorde à Nangazaki se crut obligé de parer à la nudité qu'occasionnait le dépouillement des martyrs : il les fit couvrir de nattes. S'il se fût servi de linge, on l'aurait enlevé de nouveau comme une relique.

Ce glorieux martyre s'accomplit un mercredi, 5 février 1597, martyre mémorable dans tout le Japon, non parce que les vingt-six confesseurs étaient les premiers à donner leur vie pour la foi, mais parce que les premiers ils reçurent d'un Indult apostolique le titre glorieux et le culte de martyrs. En outre des trois membres qu'elle fournissait à cette immortelle cohorte, la Compagnie y comptait pour élèves quatre chrétiens mariés : Cosme Tascher, Thomas Danghi, les deux Paul Haraki et Suzuki, Pierre Sukegiro, l'un des deux enchainés pendant le voyage, deux enfants, Antoine, d'origine chinoise, et Ventura.

CHAPITRE XIII.

CONCOURS DES CHRÉTIENS AUPRÈS DES MARTYRS : LEUR DÉVOTION. L'ÉVÊQUE DU JAPON, LE ROI D'ARIMA, LE SEIGNEUR D'OMURA VIENNENT LES VÉNÉRER.

Nous avons dit que pendant l'exécution des vingt-six martyrs, le peuple encombrait l'espace que les sentinelles laissaient libre, que le reste des habitants de Nangazaki aussi bien que les étrangers avaient envahi les toits, les balcons, les fenêtres, pour ne rien perdre de ce glorieux triomphe que la croix remportait, du haut d'une colline désormais sanctifiée. Monseigneur, de notre maison, put suivre les événements, comme il le certifia plus tard dans une lettre écrite sur la demande du P. F. Jérôme de St-Léonard, gardien des frères Mineurs. « De mes propres yeux, dit-il, je les ai vus s'élever sur » leurs croix : j'ai vu briller les lances qui leur percèrent le cœur : j'ai vu l'immense foule de chrétiens et » de païens, témoins du même spectacle ; et quoique » l'éloignement ne me permît pas de l'embrasser dans » tous ses détails, j'entendis les frémissements de l'assemblée, lorsque tout fut consommé. »

Fazamburo, quoiqu'il persévérât dans l'idolâtrie, demeura sous la vive impression produite sur lui et par la vertu des martyrs et par la dévotion des chrétiens. Il demanda aux pères comment il se faisait qu'au moment où les exécuteurs avaient brandi leurs lances pour en percer les patients, les martyrs entonnaient des chants d'allégresse, et les chrétiens poussaient des cris de douleur. Le chant des martyrs, lui répondit-on, révélait leur entrée dans le temple de gloire dont leur sacrifice pour Jésus-Christ leur ouvrait les portes, et les pleurs des chrétiens dénonçaient dans quelques-uns la compassion que leur inspiraient ces innocentes victimes, et, dans quelques autres, le regret de ne pouvoir les accompagner au même supplice. Ces explications excitèrent la surprise du gouverneur. Son âme n'en était pas moins en proie à une grande frayeur. Que dira Taicosama, lorsqu'il saura que les hommes qu'il avait condamnés à mourir, en subissant l'opprobre de l'exposition et le supplice de la croix, avaient reçu de si solennelles ovations ? La peur le rendait furieux : il ne parlait de rien moins que de réduire la ville en cendres, si les chrétiens ne restaient pas tranquilles. « Ils ne devraient alors s'en prendre qu'à leur obstination. Pour lui, on le poussait à bout. Un grand nombre de païens étaient venus de Méaco, Ozaca, de Sacaï, pour traiter avec le vaisseau marchand ; ils ne manqueraient pas de raconter chez eux ce qu'ils avaient vu. Pour peu qu'il en transpirât quelque chose à la cour, l'Empereur l'accablerait de sa colère, et les chrétiens ne s'en trouveraient pas mieux. »

Quant aux païens réunis à Nangazaki, lors de ce grand événement, leur présence fut-elle un mal, fallut-il en espérer quelque bien, il serait mal aisé d'asseoir un jugement là-dessus. Toujours est-il que la conduite des martyrs et des chrétiens les frappa de stupeur. De quelle puissance miraculeuse leur loi est-elle revêtue, se disaient-ils entre eux. Leurs enfants rient de la mort. Quelque ignominieuse qu'elle soit, ils la reçoivent en chantant ; et bien loin d'être intimidés par les souffrances de leurs frères, ils pleurent de ne pas souffrir comme eux.

Le bruit se répandit bientôt que les Espagnols étaient convenus entre eux de descendre de leurs croix les corps des sept martyrs Franciscains. Les Portugais devaient prendre ceux de nos trois frères. Les premiers auraient été emportés aux Philippines, les derniers à Macao, en Chine. Fazamburo en fut courroucé. Il fit aussitôt entourer les croix d'une palissade, y plaça deux corps de garde avec ordre de veiller nuit et jour, et peine de mort, pour les sentinelles, si un seul corps disparaissait. Il ne dissimula pas son mécontentement aux Pères et les prévint que s'ils osaient les uns ou les autres mépriser les ordres de Taicosama et les siens, il le ferait payer cher à toute la chrétienté des neuf royaumes sur lesquels il avait juridiction et même des instructions très sévères. Monseigneur dut prendre des mesures pour empêcher le tort énorme que toutes ces manifestations louables en elles-mêmes pouvaient faire aux fidèles et à la religion. D'autant plus qu'en patientant, on était sûr de recouvrer, sans péril et sans compromis, les reliques non seulement des neuf martyrs en question, mais des vingt-six à la fois. Il fut donc interdit, sous peine d'excommunication, d'inquiéter les soldats et de soustraire aucun corps à leur autorité.

Cette prohibition calma un peu le gouverneur. Les corps-de-garde furent maintenus; mais les factionnaires n'étaient pas tellement attentifs et rigides que les chrétiens ne pussent se glisser auprès des saints et vénérer leurs restes. Monseigneur s'y rendit le premier. Il monta sur la crête de la colline et s'agenouilla en face des croix, assez près pour les toucher : il se prosterna humblement devant les corps sacrés qu'elles retenaient encore. Ce fut, on peut le dire, le premier acte de culte public rendu aux martyrs. On ne venait pas seulement de Nangazaki, dont les habitants pouvaient les regarder, sans sortir de leurs maisons : mais plusieurs bravaient les fatigues de trois et quatre jours de voyage, comme pour un sanctuaire déjà célèbre. C'étaient des saints qu'on invoquait. Ce titre était comme dénoncé dans l'édit de condamnation qu'on laissât exposé, témoignage officiel de leur mort pour la foi de Jésus-Christ. Jean, roi d'Arima, et Sancio, seigneur d'Omura, ne furent pas des moins empressés à visiter les martyrs. Jean conduisait avec lui les principaux de sa cour. Sancio avait avec lui son épouse et sa sœur aînée. Ils s'arrêtèrent devant chaque croix, se faisant raconter tous les détails de l'exécution. Plus longue fut leur station devant Paul Miki : ils avaient tous les deux une tendre affection pour lui ; ils l'avaient souvent entendu prêcher. Le roi d'Omura avait reçu de lui une lettre datée de Sononghi, la veille de son crucifiement. Paul lui donnait les plus sages conseils pour se conserver dans la foi et vivre saintement jusqu'à la mort. En recevant cette lettre, Sancio l'avait cent fois portée à ses lèvres et sur sa tête. Elle lui devenait maintenant chère comme un trésor. Il possédait une précieuse relique de martyr.

CHAPITRE XIV.

PRODIGES EN CONFIRMATION DU MARTYRE. LE SANG DE CES CONFESSEURS EST UNE SEMENCE DE CHRÉTIENS.

Dieu ne tarda pas à faire connaître, par une série de faits miraculeux, combien sainte devant lui avait été la mort de ses serviteurs : ce qui accrut le concours et la dévotion des fidèles. Les bêtes fauves, les oiseaux de proie dont ces contrées abondent et qui sont très friands de la chair morte, respectèrent les corps des martyrs. Dans la nuit du vendredi qui suivit l'exécution, trois grandes colonnes de feu parurent en l'air. Elles planèrent quelque temps au-dessus des croix et se posèrent après sur notre collège et sur l'église de Saint-Lazare où les Pères Franciscains avaient été précédemment logés. Le sang de Paul Miki et de ses compagnons, dont l'Italien Bonacina avait rempli un flacon, comme nous l'avons rapporté, fut trouvé à Macao, neuf mois après, limpide et aussi peu altéré que le premier jour.

Le rapport fait par les auditeurs de Rote, les histoires particulières contiennent maint autre fait prodigieux. Il serait trop long de les copier. Nous préférons nous étendre sur le miracle que la sacrée Congrégation appelle : miracle de premier ordre : ce fut celui de l'accroissement extraordinaire des chrétiens, accroissement dont le sang des martyrs fut le germe fécond. Taicosama s'était flatté de semer l'épouvante parmi les fidèles et parmi les païens en faisant crucifier vingt-six confesseurs de Jésus-Christ et d'éliminer par la terreur du châtiment l'Evangile de ses Etats. Le contraire arriva. La persécution profita si bien au christianisme que les bonzes en frémirent de rage. Paul Miki n'avait même pas reçu son dernier coup de lance qu'un Japonais renégat qui avait trempé dans la mort et la condamnation de nos saints, entendant Paul s'écrier qu'il pardonnait de bon cœur à ses ennemis et priait Dieu pour leur salut, fondit en larmes, et embrassant un Portugais qui l'avait tenu sur les fonds du baptême, témoigna publiquement son repentir et l'horreur qu'il ressentait de son apostasie. Plusieurs païens, en revenant à Nangazaki, après l'exécution, se firent instruire et baptiser. Partout où la nouvelle de ces bienheureuses morts circula, il y eut un tel renouvellement de piété que le P. Gomez, vice-provincial, craignant qu'elle ne dégénérât en quelque excès, crut devoir publier en japonais un traité dogmatique dans lequel il expliquait quelles étaient les circonstances où l'on était obligé de professer ouvertement sa religion, quelles étaient les pratiques et le mode de cette profession, combien grand était le mérite du martyre, quelle disposition il exigeait, ce que les Saintes Ecritures et les Pères de l'Eglise enseignaient sur la fuite, en temps de persécution.

En cette même année, 1597, deux mille cent quarante infidèles embrassèrent la foi, dans les neuf royaumes qui touchent au Ximo et relèvent du gouverneur de Nangazaki. Taicosama mourut l'année suivante, 1598, et dix Pères de la Compagnie débarquèrent au Japon venant de Chine. Parmi eux se trouvait le P. Valegniani, visiteur, et le nouvel évêque, Louis Secheira. Son prédécesseur était mort à la fin de 1597, près de Malacca en revenant aux Indes.

Le premier soin du nouvel évêque et du Père visiteur fut de rétablir les affaires de la religion. Trente maisons furent ouvertes à la Compagnie. Le séminaire de quatre-vingts élèves fut rétabli à Nangazaki. On reconstruisit les églises, et de nombreux ouvriers portèrent la divine semence dans de nouveaux royaumes. La chrétienté du Japon reçut en sept mois le centuple évangélique. Le P. Jean-Baptiste Baeza, dans le royaume de Fingo, baptisa trente-deux mille païens : on en convertit neuf mille à Facata, autant à Bungo, à Amanguchi, Bugen, Méaco. Les deux années de 1599 et de 1600 n'étaient pas terminées que les conquêtes de l'Eglise au Ximo dépassaient soixante-dix mille âmes. En ajoutant ce nombre à tout ce qui s'était converti dans le Japon, on trouvait une augmentation de trois cent mille chrétiens.

Si ce temps de trève se fût prolongé, il ne serait peut-être pas resté un seul Japonais sous le joug de l'idolâtrie. Mais les atroces persécutions de Daifusama et des deux Xongun qui lui succédèrent renversèrent tout ce qui existait, et entassèrent les martyrs par milliers, jusqu'à faire disparaître les dernières traces de la religion de Jésus-Christ, ainsi que Bartoli le raconte dans son histoire.

CHAPITRE XV.

TRANSLATION DES RELIQUES A MANILLE ET A MACAO.

Revenons à nos martyrs. Leurs corps restèrent exposés sur les croix plus de soixante jours. Le froid qui, cet hiver, fut sec et rigoureux, les avait presque tous durcis et desséchés. Mais lorsque le temps se radoucit, ils se ramollirent : la dissolution commença : les membres et les os se détachaient peu à peu. Le P. Pierre Gomez, vice-provincial, chargea quelques chrétiens de recueillir ces vénérables reliques : elles furent renfermées avec ordre dans des châsses distinctes et gardées dans notre église de Nangazaki. Celles des religieux Franciscains furent envoyées à Manille, dans les îles Philippines : notre collége de Macao, en Chine, reçut celles de nos trois frères.

Avant de quitter le Japon, Mgr Martinez avait fait faire une enquête juridique sur le martyre. Le P. Louis Secheira, son successeur à l'épiscopat, en obtint, l'année d'après, une seconde plus complète que la première. On reçut cent cinquante dépositions. La sacrée Congrégation des rites, ayant expédié les lettres dites rémissoriales, le procès de la cause fut en 1621 et 1622, poursuivi, à Nangazaki, Manille, Macao, Angelopolis et dans le Mexique. Les pièces furent envoyées à Rome ; et trois auditeurs de Rote en composèrent le rapport, dont le Souverain Pontife devait prendre connaissance. Ce rapport, examiné et discuté par la sacrée Congrégation, le 3 juillet, on rendit le décret par lequel il constait du vrai martyre et des miracles des vingt-six crucifiés, et quand il plairait à Sa Sainteté, on pouvait procéder à la canonisation solennelle. Depuis, le pape Urbain VIII condescendant aux instances de Leurs Majestés catholiques Philippe IV et Isabelle, des habitants de Manille, Macao et autres villes, accorda à l'ordre de Saint-François et à la Compagnie de Jésus la faculté de faire l'office et de célébrer la sainte messe à l'honneur de leurs martyrs respectifs, le jour de leur naissance à la gloire. Par suite de cette gracieuse concession, dans tout l'empire chrétien, mais surtout au Japon, quoique la persécution y sévît dans toute sa fureur, des fêtes solennelles eurent lieu. Dieu voulut augmenter la gloire des bienheureux par de nouveaux miracles et de nouvelles faveurs qu'il accorda à leur intercession. Nous avons le procès-verbal, authentique, de trois guérisons subites, obtenues en 1628, par l'invocation de nos trois frères Japonais à Monaco de Bavière et à Holle. Cependant quoique le culte des vingt-six martyrs eût reçu du Saint-Siége divers priviléges et se fût propagé en diverses contrées, le décret et la cérémonie de canonisation éprouvèrent de longs retards. Dieu les réservait, dans sa sagesse, au siècle où nous sommes, pour en faire un des plus imposants triomphes de son Eglise. Le décret fut d'abord rendu en faveur des martyrs Franciscains. Mais le très révérend père général présenta une supplique en faveur des trois qui appartiennent à la Compagnie de Jésus, et Sa Sainteté Pie IX daignant l'accueillir avec son insigne bienveillance, après avoir pris l'avis des cardinaux qui composent la Congrégation des rites, publia, le 10 mars 1862, le décret en vertu duquel on pouvait procéder sûrement à la solennelle canonisation.

CHAPITRE XVI.

CATALOGUE DES RELIGIEUX DE LA COMPAGNIE MIS A MORT, AU JAPON, EN HAINE DE LA FOI, ET DES ÉVÊQUES QUI SE SUCCÉDÈRENT DANS LE GOUVERNEMENT DE CETTE CHRÉTIENTÉ.

Je terminerai ce récit, en donnant les noms des religieux de notre Compagnie dont le martyre a été constaté par des enquêtes régulières, sous la direction des autorités ecclésiastiques : nous y joindrons la liste chronologique des évêques qui se sont succédé dans l'église du Japon.

L'Eglise du Japon essuya pendant plus de cent ans les persécutions les plus cruelles que l'histoire ait mentionnées depuis les trois premiers siècles de l'ère chrétienne.

On ne s'en tint pas longtemps contre les nouveaux adorateurs de Jésus-Christ aux peines ordinaires : exil, emprisonnement, confiscation de biens. Les divers supplices infligés jusqu'alors aux criminels, parurent trop légers. Les décapiter, les fendre par le milieu du corps, les crucifier, les percer à coups de lance, ces tortures furent réputées insuffisantes. La haine inventa des tourments plus raffinés. On imagina de brûler les patients à petit feu, de les faire mourir de froid, en les plongeant dans des étangs glacés, de leur arracher la peau, les muscles, les nerfs avec des tenailles et de les déchiqueter avec des couteaux mal aiguisés. A plusieurs, on sciaît le cou avec des éclats de bois, des fragments de roseau, de manière à faire durer le supplice une semaine entière. Quelles horreurs ! On faisait avaler aux uns une énorme quantité d'eau et pesant ensuite violemment sur eux, on se donnait l'affreux plaisir de les faire éclater tout vivants. D'autres étaient suspendus par les pieds, dans des fosses infectes, et cette barbarie se réitérait trois et quatre jours de suite. On en descendait lentement dans les eaux sulfureuses et brûlantes du mont *Ungen*, jusqu'à ce que leurs chairs fussent réduites en bouillie.

Tels furent en partie les supplices atroces dans lesquels les martyrs du Japon déployèrent un courage héroïque : or, dans leurs rangs, on comptait des hommes, des femmes de toute condition, des jeunes filles et même des enfants.

Les trois ordres de saint François, de saint Dominique et de saint Augustin ont fourni un grand nombre de noms à cette glorieuse liste. Quant aux martyrs de la Compagnie de Jésus, leur chiffre dépasse quatre-vingts, sans y comprendre ceux qui moururent en exil, ou par suite de mauvais traitements. Nous ne parlerons point de ces derniers. Le lecteur qui voudrait connaître leur histoire, peut la lire dans Bartoli et dans le Catalogue publié par le P. Antoine-François Cardim (1).

Persécution sous le roi de Firando.

Le P. François Carrion, Espagnol, de Medina del Campo, mort au mois d'août 1590, à Ichisuki, âgé de 36 ans.

Le P. Georges Carvagial, de Visen en Portugal, mort le 5 mai 1592, 42 ans.

Le P. Joseph Fornaletti, Vénitien, mort à Arima, au mois d'avril 1593, 44 ans.

Le P. Théodore Mantèles, de Liége, Belgique, mort en 1593, 33 ans.

Ces Pères moururent empoisonnés, ainsi que deux autres dont on ignore les noms.

Persécution sous l'Empereur Taicosama.

S. Paul Miki, crucifié et percé d'un coup de lance, 33 ans.

S. Jean Soan ou de Goto, 19 ans.

S. Jacques Kisaï, 64 ans.

Tous les trois étaient Japonais.

(1) Catalogue des religieux et des séculiers qui, dans le Japon ont été mis à mort, en haine de la foi, sous les quatre tyrans qui ont persécuté l'Eglise. (Ouvrage écrit en latin, et édité à Rome, en 1646. — Corbelletti Ed...).

Persécution sous l'Empereur Xongunsama.

Le P. JEAN-BAPTISTE MACIADO ou de TAVORA, Portugais, décapité à Omura, le 22 mai 1617, 37 ans.

Le V. F. LÉONARD CHIMURA, Japonais, brûlé à petit feu, le 18 novembre 1619, 44 ans.

Le V. F. AMBROISE FERNANDEZ, Portugais, condamné au feu, et mort en prison, à Omura, le 6 janvier de l'an 1620, 69 ans.

Le V. F. AUGUSTIN OTA, Japonais, de Goto, décapité à Firando, le 10 août 1622.

Le V. P. CHARLES SPINOLA, de Gênes, brûlé à petit feu, à Nangazaki, le 10 du mois de septembre de l'an 1622, 48 ans.

Le V. F. SÉBASTIEN CHIMURA, Japonais, brûlé vif, le même jour, 57 ans.

Le V. F. ANTOINE CHIUNI, Japonais, brûlé vif, le même jour, 50 ans.

Le V. F. PIERRE SAMPO, Japonais, brûlé vif, le même jour, 40 ans.

Le V. F. GONSALVE FUSAÏ, Japonais, brûlé vif, le même jour, 40 ans.

Le V. F. MICHEL XUMPO, Japonais, brûlé vif, le même jour, 33 ans.

Le V. F. THOMAS ACAFOXI, Japonais, brûlé vif, le même jour, 50 ans.

Le V. F. LUDOVIC CAVORA, Japonais, brûlé vif, le même jour, 40 ans.

Le V. F. JEAN CHUNGOCU, Japonais, brûlé vif, le même jour, 40 ans.

Le V. P. CAMILLE COSTANZO, de Cosenza, dans le royaume de Naples, brûlé à petit feu, à Firando, le 13 de septembre de l'an 1622, 50 ans.

Le V. P. PIERRE-PAUL NAVARRO, Napolitain, brûlé à petit feu, à Samabara, à l'âge de 60 ans, le 1er novembre 1622.

Le V. F. DENIS FUGISCIMA, Japonais, brûlé vif, le même jour, 31 ans.

Le V. F. PIERRE ONIZUCA, Japonais, brûlé vif, le même jour, 18 ans.

Le V. P. JÉRÔME DE ANGELIS, Sicilien, brûlé à petit feu, à Iendo, le 4 décembre 1623, 56 ans.

Le V. F. SIMON IEMPO, Japonais, brûlé vif, le même jour, 48 ans.

Le V. P. JACQUES CARVAGLIO, de Coïmbre, en Portugal, mort dans un étang glacé, à Sendaï, le 22 février 1624, 46 ans.

Le V. P. MICHEL CARVAGLIO, de Prague, en Portugal, brûlé à petit feu, à Omura, le 25 août 1624, 47 ans.

Le V. P. FRANÇOIS PACHECO, Portugais, provincial du Japon et administrateur apostolique de l'évêché, brûlé à petit feu, à Nangazaki, le 20 juin 1626, 61 ans.

Le V. P. JEAN-BAPTISTE ZOLA, de Brescia, brûlé vif, le même jour, 51 ans.

Le V. P. BALTAZAR DE TORRES, de Grenade, brûlé vif, le même jour, 62 ans.

Le V. F. GASPAR SANDAMATZU, Japonais, brûlé vif, le même jour, 61 ans.

Le V. F. Vincent Caun, Coréen, brûlé vif, le même jour, 46 ans.

Le V. F. Pierre Rinséï, Japonais, brûlé vif, le même jour, 38 ans.

Le V. F. Paul Chiansuché, Japonais, brûlé vif, le même jour, 54 ans.

Le V. F. Chinsachu, Japonais, brûlé vif, le même jour, 21 ans.

Le V. F. Michel Tozo, Japonais, brûlé vif, le même jour, 38 ans.

Le V. P. Thomas Tzuchi, Japonais, brûlé à petit feu, à Nangazaki, le 6 septembre 1627, 56 ans.

Le V. F. Nacaxima, Japonais, mort dans les affreux tourments de l'eau bouillante du mont Ungen, le 25 décembre 1628.

Persécution sous l'Empereur Toxungosama.

Le V. P. Antoine Iscida, Japonais, soumis durant un mois au supplice de l'eau bouillante, puis brûlé vif à Nangazaki, le 3 septembre 1632, 62 ans.

Le V. F. Paul Niscifori, Japonais, brûlé à petit feu à Nangazaki, le 22 juillet 1633.

Le V. F. Nicolas Cheian, Japonais, le premier qui ait enduré le martyre dans le supplice de la fosse à Nangazaki, le 31 juillet 1633, 64 ans.

Le V. P. Emmanuel Borgès, d'Evora, en Portugal, mort dans le supplice de la fosse à Nangazaki, le 16 août 1633, 50 ans.

Le V. F. Joseph Réomui, mort le même jour, dans le même supplice.

Le V. F. Ignace Chindo, Japonais, mort le même jour dans le même supplice.

Le V. F. Jean-Antoine Giannone, de Bitonto, dans le royaume de Naples, mort dans le même supplice, le 25 août 1633, 44 ans.

Le V. P. Jean Chidéra, Japonais, mort du même supplice de la fosse, le 29 août 1633.

Le V. F. Jacques Tacuxima, Japonais, brûlé à petit feu à Sceki, le 30 septembre 1633.

Le V. F. Thomas Ricori, Japonais, brûlé vif, le même jour.

Le V. F. Louis Cafocu, Japonais, brûlé vif, le même jour.

Le V. F. Denis Jamamoto, Japonais, brûlé vif, le même jour.

Le V. F. Jean Jama, Japonais, mort dans le supplice de la fosse, en septembre de l'an 1633, 63 ans.

Le V. F. Benoit Fernandez, Portugais, mort dans le même supplice à Nangazaki, le 2 octobre 1633, 54 ans.

Le V. F. Paul Saïto, Japonais, mort dans le même supplice, le même jour, 57 ans.

Le V. F. Jean de Costa, Portugais, mort dans le même supplice, le 8 octobre 1633, 58 ans.

Le V. P. Xiste Tacoum, Japonais, mort dans le supplice de la fosse, le 9 octobre 1633, 63 ans.

Le V. P. Damien Fucaye, Japonais, mort le même jour, dans le même supplice.

Le V. P. Julien Nacaura, Japonais, noble d'origine,

venu à Rome en qualité d'ambassadeur, mort dans le supplice de la fosse, le 21 octobre 1633, 66 ans.

Le V. F. Pierre, Japonais, mort le même jour, dans le même supplice.

Le V. P. Mathieu, Japonais, mort le même jour, dans le même supplice.

Le V. P. Rémy, Japonais, mort le même jour, dans le même supplice.

Le V. P. Laurent, Japonais, mort le même jour, dans le même supplice.

Le V. P. Jean-Mathieu Adami, de Mazara, en Sicile, mort dans le supplice de la fosse, le 22 octobre 1633, 67 ans.

Le V. P. Antoine de Souza, mort dans le même supplice, le 26 octobre 1633, 50 ans.

Le V. P. Sébastien Vieira, Portugais, vice-provincial et administrateur apostolique de l'évêché, mort dans le supplice de la fosse et brûlé à Jendo, le 6 juin 1634, à 63 ans.

Avec le P. Vieira périrent par le même supplice cinq vénérables frères dont on ignore les noms.

Le V. P. Jacques Juchi, Japonais, mort dans le supplice de la fosse, à Ozaca, en février de l'année 1636, 60 ans.

Le V. P. François Mastrilli, Napolitain, d'abord tourmenté par le supplice de l'eau, puis par celui de la fosse, et enfin décapité à Nangazaki, le 17 octobre 1637.

Le V. P. Pierre Casui, Japonais, mort au milieu des tourments à Jendo, dans le mois d'août de l'an 1638, 52 ans.

Le V. P. ANTOINE RUBINO, de Turin, visiteur, mort dans le supplice de la fosse, le 22 mars 1643.

Le V. P. ALBERT MICINSKI, Polonais, mort dans le même supplice, le 23 mars 1643.

Le V. P. JACQUES MORALÈS, mort dans le même supplice, le 26 mars 1643.

Le V. P. FRANÇOIS MARQUÈS, né à Nangazaki d'un père Portugais et d'une mère qui descendait des rois de Bungo, mort dans le supplice de la fosse, le 25 mars 1643.

Le V. P. ANTOINE CAPÈCE, Napolitain, mort dans le même supplice, le 23 mars 1643.

Les VV. PP. PIERRE MARQUÈS, provincial; FRANÇOIS CASSOLA, JOSEPH CHIARA, ALPHONSE ORRIO, et le Frère ANDRÉ, Japonais, sciés vivants à Jendo, en 1644-45.

Dans ce catalogue ne figurent pas les noms des catéchistes formés par les religieux de la Compagnie, et qui périrent en grand nombre par divers genres de tourments.

Tableau chronologique des évêques qui gouvernèrent l'Église du Japon, avec quelques explications sommaires.

Le premier fut le P. André d'Oviédo, Espagnol, patriarche d'Éthiopie. — La persécution excitée contre lui par l'empereur schismatique de ce pays l'ayant forcé à vivre caché dans les montagnes, le pape saint Pie V lui ordonna par un bref daté de Rome, le 2 février 1566, de passer au Japon pour y prendre l'administration de cette province. Le père Oviédo était sur le point de partir, lorsqu'il tomba malade et mourut en odeur de sainteté en Éthiopie.

Saint Pie V lui substitua le P. Melchior Caméro, Portugais. Celui-ci, consacré à Goa, évêque de Nicée, et coadjuteur du patriarche d'Éthiopie, partit aussitôt pour Macao, afin de faire voile pour le Japon ; mais usé par les fatigues apostoliques il mourut dans la traversée, le 19 août 1593.

Après lui, fut préconisé par Xiste V et consacré à Lisbonne, le P. Sébastien Moralez, provincial du Portugal. Ce prélat partit pour les Indes en 1588. Une épidémie s'étant déclarée à bord du navire qui le portait, le pieux évêque en fut lui-même atteint, et succomba victime de sa charité, non loin du cap de Bonne-Espérance.

L'Église du Japon se trouvant ainsi veuve pour la troisième fois, Clément VIII lui donna pour évêque le père Pierre Martinez, provincial des Indes, à qui il assigna pour coadjuteur le père Louis Sequeira, professeur de théologie à Coïmbre. Ce Père, consacré à Goa, arriva heureusement au Japon, et débarqua à Nangazaki, le 13 août 1596. Après avoir visité l'empereur Taicosama, il se mit à parcourir toute la contrée, en administrant le sacrement de confirmation. Il fut témoin de la mort des vingt-six martyrs crucifiés et c'est à lui que l'on doit le premier procès canonique de leur glorieux supplice. — Espérant obtenir en faveur de son Église désolée la protection du vice-roi des Indes, il fit voile vers Malacca, mais la mort le surprit dans la traversée, en février 1598.

Le 5 août de la même année, son successeur le père Louis Sequeira débarquait au Japon. Il demeura seize années à la tête de cette mission et mourut plein de mérites, à Nangazaki, le 16 février 1614.

Après sa mort, la persécution redoublant de cruauté, Rome décida que, pendant la vacance du siége épiscopal, le supérieur des Jésuites résidant au Japon serait tout ensemble Vicaire et Administrateur du diocèse.

Ce fut en vertu de cette disposition que Mgr Sequeira fut successivement remplacé par les pères Valentin Corvaglio, François Pacheco, qui fut brûlé vif, Mathieu de Couros, Sébastien Vieira et Antoine Rubino ; les deux derniers périrent par le supplice de la fosse. Vint enfin le père Pierre Marquès qui fut martyrisé avec son frère François, en 1644-45.

BULLE DE CANONISATION

DES SAINTS MARTYRS JAPONAIS

PAUL MIKI, JEAN SOAN OU DE GOTO ET JACQUES KISAI

De la Compagnie de Jésus

PIE, ÉVÊQUE, SERVITEUR DES SERVITEURS DE DIEU

POUR PERPÉTUELLE MÉMOIRE

§ 1er. La compagnie de Jésus montra bien clairement, dès les premiers temps de sa fondation, ce qu'elle serait dans les siècles à venir. La plus grande gloire de Dieu, dont Ignace avait voulu faire comme la devise de son ordre, fut le but que lui-même et tous ses fils poursuivirent toujours et partout avec ardeur et de tout leur pouvoir. Ils déclarèrent donc une guerre éternelle à la superstition païenne et à l'hérésie, ouvrirent des colléges pour y former la jeunesse à la piété et à l'étude des lettres, établirent des académies, publièrent des livres ; par les exercices spirituels, par leurs prédications, ils excitèrent les chrétiens à la fréquentation des Sacrements et à la pratique de la vertu, et mirent en œuvre les autres ressources du zèle pour gagner des âmes à Dieu. Au reste personne n'ignore que les profès de cette Compagnie, aux trois vœux solennels qui leur sont communs avec les autres familles religieuses consacrées à Dieu, en ajoutent un quatrième par lequel ils s'engagent expressément à se rendre volontiers, pour les intérêts de l'Église, chez les fidèles et les infidèles, jusqu'aux extrémités du monde, si cela plaît au Souverain Pontife, sans aucun salaire et même sans demander de viatique. Par là ils furent toujours d'un grand secours à l'Église et s'attirèrent la haine des hérétiques et des hommes pervers, mais en revanche l'estime et l'amour des gens de bien.

§ 2. Répondant à l'appel du Souverain Pontife, Paul III, notre prédécesseur, saint François Xavier porta le premier la foi chrétienne au Japon, l'an 1549. Il l'y confirma pendant près de deux ans par sa prédication et ses miracles, lui gagna un grand nombre d'hommes de toute condition et mérita ainsi d'être appelé l'Apôtre de cet empire. Après avoir été en butte, dans ces régions, à des périls et à des difficultés extrêmes, les Pères de la Compagnie de Jésus donnèrent à cette grande entreprise de magnifiques développements. Ils firent accepter le joug de Jésus-Christ à plusieurs rois et gouverneurs des provinces, en amenèrent trois à Rome en qualité d'ambassadeurs, pour y reconnaître et vénérer Grégoire XIII, notre prédécesseur, Vicaire du Christ Notre-Seigneur sur la terre, déclarant se soumettre eux et leurs sujets à son autorité. Dans plusieurs royaumes du Japon, ces mêmes Pères fondèrent des églises, bâtirent des collèges, établirent des écoles et des séminaires. Sur ces entrefaites, Faxiba, homme d'une naissance obscure, qui prit plus tard le titre de Quambacondono et enfin le nom de Taicosama, subjugua par ses armes presque tous les rois et princes et se rendit maître de tout le Japon. Il était plein de haine pour la religion chrétienne ; mais habile à concerter ses mesures suivant les circonstances, tantôt il feignait d'en ignorer les progrès, tantôt il l'interdisait sous des peines sévères, tantôt il en permettait l'exercice, pour être agréable aux marchands Portugais.

§ 3. L'an 1587, il interdit à tous ses sujets la religion chrétienne, proscrivit les Pères de la Compagnie de Jésus dans tout l'empire, leur permettant toutefois de rester à Nangazaki à cause des Portugais. Comme aucun d'entre eux n'avait quitté le Japon, un grand nombre demeurèrent ostensiblement à Nangazaki. Les autres, répandus de tous côtés à la faveur d'un déguisement, continuaient à remplir courageusement leur ministère. Soixante-cinq mille païens, sans compter les enfants, furent par eux régénérés dans les eaux du Baptême. Ils se soutinrent de la sorte, au milieu des succès et des revers, jusqu'en l'année 1593, où quelques Frères de l'ordre Séraphique vinrent s'adjoindre à eux. A cette époque, cent trente-quatre membres de la Compagnie étaient seuls à donner leurs soins dans toute l'étendue de l'empire aux trois cent mille indigènes déjà initiés à nos mystères ; lorsque par un bonheur inattendu on vit arriver au Japon et en qualité d'évêque Pierre Martinez, de la Compagnie de Jésus. Il était envoyé à Taicosama, par le gouverneur des Indes, sous prétexte de remplir une mission. Il fut bien accueilli par le tyran et put même se fixer dans le royaume.

§ 4. La soif insatiable de domination qui déjà avait rendu Taicosama maître de tout le Japon, et l'arrivée d'un navire espagnol, richement chargé, lequel, venant des îles Luçon ou Philippines, avait été, le 14 juillet, poussé par la tempête sur les côtes du royaume de Tosa encore infidèle, donnèrent naissance à une terrible persécution. Il fut rapporté à Taicosama que c'étaient là des préparatifs pour conquérir le Japon. La colère de l'Empereur fut encore excitée par Jacouin, son médecin. Cet homme, ennemi acharné du nom chrétien et des Pères de la Compagnie de Jésus, profita de l'occasion pour inventer contre les chrétiens d'affreuses calomnies; et, usant de sa faveur auprès du prince, il le poussa par ses discours à ruiner entièrement la religion. Enflammé de courroux, Taicosama ordonna d'abord de faire périr de la mort la plus cruelle tous les chrétiens, tant ministres de l'Evangile que simples fidèles. Cette sentence, à la prière du gouverneur de Méaco qui favorisait les chrétiens, fut ensuite restreinte à ceux qui, venant des Philippines, auraient prêché la religion proscrite : ordre était donné de les mettre en croix à Nangazaki. D'après l'édit de l'Empereur, les Pères de la Compagnie de Jésus devaient être mis en liberté ; et, de fait, on retira aussitôt les gardes de leur résidence de Méaco. Mais le gouverneur d'Ozaca, souvent réprimandé par Taicosama de ce qu'il favorisait les chrétiens, et craignant pour sa propre vie, fit saisir et enchaîner avec les autres, Paul Miki, Jean de Goto, Jacques Kisaï, Japonais de nation et membres de la Compagnie de Jésus, et ne voulut jamais consentir à les relâcher.

§ 5. Paul Miki, du royaume d'Iamasciro, dans lequel se trouve la ville de Méaco, capitale de tout l'Empire, était né de parents distingués et avait reçu le baptême dès son enfance. A peine âgé de onze ans, il fut confié aux pères de la Compagnie de Jésus pour être élevé dans le séminaire d'Anzuquiama, et, après la destruction de cette maison, il compléta ses études littéraires, soit à Arima, soit dans d'autres lieux. Alors, méprisant tous les biens de la terre, à l'âge de vingt-deux ans, il entra en la Compagnie de Jésus. Son noviciat terminé, il fit son cours de théologie. L'étude de cette science lui fournit abondamment les armes avec lesquelles il devait combattre les superstitions de sa patrie, et la pénétration de son esprit et un rare talent pour la prédication lui facilitèrent le maniement de ces armes. Appliqué au ministère évangélique, il parcourut plusieurs contrées du Japon et ramena bon nombre de ses concitoyens de l'erreur à la vérité, du désordre à la pratique de la vertu. Il se faisait pour l'entendre un immense concours tant du peuple que de la noblesse ; et pendant qu'il parlait on voyait rayonner sur son visage un tel reflet de la piété qui pénétrait son âme, et une si douce modestie, unie à tant d'humilité, qu'il ravissait ses auditeurs, les attachait à sa personne et les gagnait à Jésus-Christ. Ce n'était pas seulement de vive voix qu'il propageait et défendait la cause du Christ ; il publiait encore, dans la langue de son pays, qu'il possédait parfaitement, des livres par lesquels il confondait les idolâtres et les erreurs impies des sectes diverses avec un succès tel, qu'il attira à la religion chrétienne un grand nombre de personnages distingués avec une immense multitude. Il allait être promu au sacerdoce par l'évêque du Japon, Pierre Martinez, de la Compagnie de Jésus ; mais, la persécution s'étant déclarée, l'athlète courageux s'offrit lui-même généreusement en victime au Dieu tout-puissant sur l'autel de la croix.

§ 6. Jean Soan, né dans l'île de Goto, d'où lui vient son surnom, fut formé à la piété par des parents chrétiens. Dès que son âge le permit, il fut mis à l'école des pères de la Compagnie de Jésus, et montra tant d'aptitude et de facilité pour apprendre tout ce qui concerne la foi et la doctrine chrétienne, qu'on le jugea capable de l'enseigner aux autres. Il fut donc reçu solennellement au nombre des *dogiques* ou catéchistes. Chargé de ces fonctions à l'âge de dix-neuf ans, ce jeune homme, d'une rare innocence de mœurs, fut envoyé à Ozaca par ses supérieurs, pour aider le père Jean de Moréjon dans l'instruction des néophytes. Il s'acquitta parfaitement de cet emploi jusqu'au jour où, jeté en prison avec ses deux compagnons, il alla augmenter le nombre des saints martyrs. Il ne tenait qu'à lui de se soustraire au péril et à la mort, mais il préféra partager la fortune de la Compagnie, comme il le désirait depuis longtemps, quelque dure et fâcheuse qu'elle fût alors. C'est pourquoi, après avoir promptement réuni et mis en lieu sûr tous les objets du culte sacré dont il avait le soin, il donna de lui-même son nom pour être inscrit sur la liste de proscription ; puis il s'empressa de demander aux Pères, par l'entremise de Paul Miki, la grâce d'être admis dans la Compagnie par l'émission des vœux, faveur qu'il obtint quelques jours après avec la plus vive allégresse.

§ 7. Jacques Kisaï avait soixante-quatre ans accomplis lorsqu'il arriva heureusement à la même gloire du martyre. Né dans le royaume de Bigen, de parents païens, il fut imbu par eux des erreurs et des superstitions de l'idolâtrie ; mais, prévenu de la grâce de Dieu et régénéré dans l'eau sainte par les premiers compagnons de saint François Xavier, il avait épousé une femme chrétienne. Celle-ci étant sacrilégement retournée à ses superstitions et s'obstinant dans l'erreur, Jacques fit avec elle un légitime divorce et, ainsi dégagé des liens du mariage, se donna tout entier à Dieu et à la Compagnie. Sachant bien lire et écrire la langue japonaise, il fut admis au rang des catéchistes, et, pendant plusieurs années, il enseigna les premiers éléments de la foi chrétienne avec beaucoup de zèle et de dévouement et non sans un grand fruit pour les âmes. Plein d'humilité, il ne dédaignait pas de s'occuper aux emplois les plus bas de la maison et de recevoir à la porte les hôtes et les étrangers. Il aimait à s'entretenir intérieurement des mystères de la Passion du Sauveur, et ne laissait passer aucun jour sans les méditer avec amour et reconnaissance. Pour cet objet, il s'était fait un petit livre dans lequel, en caractères japonais artistemeni tracés, comme il excellait à le faire, il avait décrit chacun de ces mystères, afin de les avoir aussi devant les yeux. Il retira de cette méditation une soif ardente de souffrir et de mourir pour Jésus-Christ, et pour la satisfaire il répandit de grand cœur son sang et sa vie.

§ 8. Ayant été saisis à Ozaca comme il a été dit, ces trois confesseurs, prémices de tant de martyrs de la Compagnie de Jésus au Japon, furent conduits à Méaco, avec le Père Martin de l'Ascension, Franciscain, et trois serviteurs. Là, avec dix-sept autres, ils eurent l'extrémité de l'oreille gauche coupée ; puis, les mains liées derrière le dos, ils furent tous conduits sur une charrette, pour servir de jouet à la populace, à travers les rues les plus fréquentées de la ville; un licteur les précédait, portant sur un écriteau la sentence qui les condamnait au supplice de la croix. Paul Miki, s'adressant à la multitude du haut du char qui le portait, fit en japonais l'apologie de la religion chrétienne. Ses paroles ne furent pas sans fruit, soit en cette circonstance, soit pendant le reste du voyage. Dans la prison de Méaco, il gagna deux de ses gardes à Jésus-Christ; six dans celle d'Ozaca, et dans un autre endroit, le gouverneur même de la ville. Aussi les bonzes, prêtres des idoles, ne cachaient point leur colère contre Taicosama : ils l'accusaient de promener ces gens à travers le Japon, plutôt pour propager la secte des chrétiens que pour la détruire. Sortis de Méaco, les martyrs traversèrent plusieurs villes dans un long détour qu'on leur fit faire pour répandre au loin la terreur, et ils arrivèrent enfin à Nangazaki le cinquième jour de février. Pour les aider à supporter les fatigues d'un si pénible voyage, le Père Organtin, de la Compagnie de Jésus, avait envoyé à leur suite un chrétien d'une probité et d'une prudence éprouvées qui leur rendait tous les services possibles : les Franciscains en avaient fait autant de leur côté. Comme ces deux hommes allaient et venaient avec beaucoup de liberté, les soldats irrités les arrêtèrent et leur demandèrent s'ils étaient chrétiens. Sur leur réponse affirmative, on s'empara d'eux, et ils se laissèrent, de grand cœur, joindre aux autres martyrs du Christ.

§ 9. On approchait du lieu destiné au supplice, lorsque le P. François Pasio, envoyé par le Provincial de la

Compagnie de Jésus, rencontra les martyrs. Il les embrassa tous avec effusion, les confessa, et reçut les vœux de religion de Jean de Goto et de Jacques Kisaï. Le gouverneur de Nangazaki voulait faire élever les croix dans la ville, sur la place destinée au supplice des condamnés; mais les Portugais demandèrent et obtinrent qu'on les dressât sur une colline située au bord de la mer, non loin de la ville : ils avaient l'intention d'y faire bâtir un jour une chapelle dédiée à la reine des martyrs, ce qui fut exécuté dans la suite. On éleva donc aussitôt, sur une place découverte au sommet de la colline, vingt-six croix rangées en ligne droite, à trois ou quatre pas de distance l'une de l'autre, comme c'est la coutume au Japon. Paul Miki, Jean de Goto et Jacques Kisaï y furent attachés, puis ayant été transpercés des deux côtés à coups de lance, en présence de Jean Rodriguez et de François Pasio, prêtres de la Compagnie de Jésus, qui avaient obtenu du gouverneur la permission d'assister au supplice, ils rendirent leurs âmes victorieuses que les Anges allèrent porter au ciel.

§ 10. Le pieux et courageux père de Jean de Goto assistait à ce spectacle, et l'on ne saurait dire si le fils avait plus de joie d'endurer le supplice que le père n'en éprouvait à le contempler. Jacques Kisaï, tout avancé qu'il était en âge, ne montrait pas moins de force d'âme; mais Paul, du haut de sa croix comme d'une chaire glorieuse, l'amour divin enflammant encore son éloquence naturelle, fit à la multitude qui les environnait un discours plein de force en faveur du nom chrétien, se félicitant de mourir sur une croix, à l'exemple de Jésus-Christ, son Maître, et au même âge que lui. Ensuite il implora le pardon du ciel pour ses bourreaux, recommanda son âme à Dieu et expira dans la joie. L'évêque du Japon s'empressa de venir sur la colline où étaient suspendues les dépouilles de tant de martyrs, et se prosternant, il les vénéra en présence de tout le monde. Dès lors ce lieu fut regardé comme sacré.

§ 11. Dieu fit connaître par divers prodiges que ce culte lui était agréable. Les visages des saints martyrs parurent tout brillants d'un éclat extraordinaire; leur merveilleuse beauté frappait les païens d'admiration. Un soldat italien ayant recueilli du sang de Paul Miki et de trois autres martyrs, le conserva dans un vase de porcelaine : neuf mois après, ce sang fut trouvé liquide, frais, sans odeur et sans trace de corruption. Le vendredi qui suivit la mort des saints martyrs, on vit apparaître dans l'obscurité de la nuit comme des colonnes de feu au-dessus de leur corps; celle du milieu s'avança jusque sur l'église de la Compagnie, dissipant par son éclat les ténèbres de la nuit, et là elle disparut. Longtemps encore la ville vit reparaître, chaque vendredi, des flammes brillantes semblables à des météores qui, après s'être arrêtés sur les lieux du martyre, s'en allaient de là vers les maisons de Nangazaki qui, les premières, avaient servi d'habitation aux saints martyrs. Mais la marque la plus éclatante de leur mérite et de leur gloire fut la sainte ardeur dont les témoins de toutes ces choses se sentirent animés soit pour embrasser la foi et la piété chrétiennes, soit pour la pratiquer avec plus de zèle : de sorte que le sang des martyrs devint une semence de chrétiens. Deux mois après, les corps des trois martyrs furent détachés de la croix et transportés dans l'église du collége de la Compagnie de Jésus, à Macao, en Chine.

§ 12. Tous ces faits, confirmés par des témoignages authentiques, furent transmis à Rome, au Souverain Pontife Urbain VIII, notre prédécesseur, lequel, en l'an 1627, permit de rendre aux bienheureux martyrs les honneurs et le culte solennel que l'on accorde aux Saints. Lorsque trois des douze membres de la Congrégation du Sacré Concile eurent, selon la coutume, pris connaissance de tous les faits d'après les actes rédigés par l'autorité apostolique, la Congrégation des Cardinaux de la sainte Eglise Romaine préposée au maintien des rites déclara qu'il constait du martyre et des miracles tant du bienheureux Paul Miki et de ses Compagnons, Jean Soan ou de Goto et Jacques Kisaï, de la Compagnie de Jésus, que de ceux du bienheureux Pierre Baptiste et de ses compagnons de l'ordre Séraphique, et qu'on pouvait, en conséquence, procéder quand on voudrait, à la célébration de leur canonisation. Cependant, par ses lettres apostoliques données en forme de Bref, sous la date du 15 septembre de l'année 1627, à la prière du Général et des prêtres de la Compagnie de Jésus, le Pape Urbain VIII, notre prédécesseur, permit de réciter l'office et d'offrir le Saint-Sacrifice en l'honneur de ces trois martyrs japonais, grâce pareillement accordée la veille au Supérieur général de l'ordre de Saint-François, en faveur de ses vingt-trois martyrs.

§ 13. Par un profond et adorable jugement de Dieu, qui dirige toutes choses selon sa volonté, après un silence de près de trois siècles, la cause a été reprise, menée heureusement et promptement à la fin désirée.

Nous avons favorablement accueilli les demandes de notre cher fils Pierre Beckx, Général de la Compagnie de Jésus, et celles des autres membres de la même Compagnie, qui nous priaient humblement d'étendre encore à ces trois martyrs de ladite Compagnie le décret porté, le 17 septembre de l'an 1861, en faveur des martyrs japonais de l'ordre Séraphique. La Sacrée Congrégation des Rites fut assemblée dans le palais du Vatican, le sixième jour de mars de la présente année, et le doute proposé par notre cher fils Nicolas Clarelli Paracciani, cardinal-prêtre de la sainte église romaine, du titre de Saint-Pierre-ès-liens, rapporteur de la cause. La Congrégation répondit, à l'unanimité des suffrages, qu'on pouvait procéder en sûreté à la canonisation de ces trois martyrs japonais de la Compagnie de Jésus. Toutefois, dans une affaire de cette importance, nous ne pûmes acquiescer à leurs vœux et nous différâmes de porter notre sentence, afin d'implorer avec plus de ferveur la sagesse divine, et de répandre nos prières dans l'humilité de notre cœur.

§ 14. « Le jour de l'Annonciation de la Bienheureuse Vierge Marie, après avoir offert le Saint-Sacrifice, dans Notre chapelle privée du Vatican, Nous Nous rendîmes à l'église de Sainte-Marie de la Minerve, où Nous assistâmes à une messe solennelle, entouré de notre conseil les cardinaux de la Sainte Eglise Romaine, et de tous les dignitaires de la Cour apostolique. Le Sacrifice terminé, Nous entrâmes dans la sacristie de ladite église, et, en présence de Notre cher frère Constantin Patrizi, évêque de Porto et de Sainte-Rufine, Préfet de la Sacrée Congrégation des Rites, et de Notre fils Nicolas Clarelli Paracciani, cardinal-prêtre du titre de Saint-Pierre-ès-liens, rapporteur de la cause, et des autres assistants suivant l'usage, le vingt-cinquième jour de mars de l'année courante, Nous avons déclaré qu'on pouvait procéder en sûreté à la canonisation des trois martyrs Japonais de la Compagnie de Jésus, et la célébrer, en temps opportun, dans la basilique patriarchale du Vatican.

§ 15. Désireux de marcher sur les traces de nos prédécesseurs, Nous invitâmes non-seulement les plus voisins d'entre les évêques, archevêques et primats en communion avec le Siége catholique et apostolique, mais encore les prélats de tout l'univers, à se rendre à Rome et à Nous faire connaître leur avis sur la célébration de la canonisation des trois martyrs Japonais de la Compagnie de Jésus et des vingt-trois martyrs de l'ordre Séraphique. A la grande joie de Notre cœur, ils ont surpassé Notre attente : un si grand nombre est accouru promptement, de tous côtés, à Rome, qu'il est inouï qu'on ait jamais vu une telle affluence à aucune canonisation.

§ 16. Après avoir pleinement examiné toutes choses, d'après les monuments de la Sacrée Congrégation des Rites, dont chacun avait reçu par Nos ordres un exemplaire imprimé, Nous convoquâmes un consistoire semi-public pour le 23 mai de l'année courante (Nous avions déjà tenu, le 15 mai, un consistoire public où Notre cher fils François Marsilli, avocat de la cour consistoriale, avait plaidé la cause des vingt-six martyrs), Nous y invitâmes tous nos frères les cardinaux de la sainte Eglise Romaine, les patriarches, primats, archevêques et évêques, afin de Nous aider de leurs conseils dans une affaire si grave. Interrogés par Nous en présence des notaires du Siége apostolique et des deux plus anciens auditeurs des causes de Notre palais, non-seulement ils furent tous d'un avis unanime, mais Nous prièrent même par écrit de procéder à la suprême glorification de ces martyrs. Des actes en furent dressés par les notaires du Siége apostolique, et les suffrages des évêques, signés de leurs noms, furent recueillis et consignés par Nos ordres dans les archives de la sainte Eglise Romaine.

§ 17. Mais avant d'en venir à la sentence définitive, nous ordonnâmes dans la ville un jeûne solennel, et nous assignâmes nos églises patriarchales de Latran, du Vatican et de Sainte-Marie-Majeure pour les prières publiques, avec concession d'indulgence, afin que les fidèles, joignant leurs supplications aux nôtres, nous obtinssent, en une circonstance si grave, la spéciale assistance de Dieu et le secours de sa grâce.

§ 18. Enfin, le très saint jour où le Saint-Esprit, par un prodige qui surpasse toutes nos louanges, étant descendu en langues de feu sur les Apôtres, retira le monde du vice pour l'amener à la vraie sainteté, nous entrâmes solennellement en procession dans la basilique vaticane, toute resplendissante de tapis, de tableaux, représentant les nouveaux saints, leur supplice, leurs miracles, et respirant de tous côtés l'allégresse. Tous les ordres des clercs séculiers et réguliers, tous les colléges des magistrats et des officiers de la cour romaine, Nos Vénérables Frères, les Cardinaux de la Sainte Église Romaine, les Patriarches, Primats, Archevêques et Évêques Nous précédant, avant que Nous eussions commencé le Saint-Sacrifice, Notre cher fils Nicolas Clarelli Parracciani, Cardinal-Prêtre de la Sainte Eglise Romaine, du titre de saint Pierre ès-liens, procureur de cette canonisation par l'intermédiaire de Notre cher fils André Frattini, avocat de la cour consistoriale, Nous fit offrir une première, une seconde, une troisième fois, les vœux et les prières des princes et des peuples chrétiens qui nous demandaient d'inscrire au nombre des Saints ces vingt-six bienheureux martyrs. Ayant donc imploré d'abord l'intercession des Esprits célestes et de tous les Saints, invoqué le secours de l'Esprit consolateur; pour l'honneur de la sainte et indivisible Trinité, pour l'exaltation de la foi catholique, pour l'accroissement de la religion chrétienne; de l'autorité de Notre-Seigneur Jésus-Christ, des bienheureux apôtres Pierre et Paul et de la Nôtre, après mûre délibération, après avoir imploré le secours divin et pris l'avis de nos Vénérables Frères les Cardinaux de la Sainte Église Romaine et les Évêques présents dans la ville, nous avons déclaré Saints les bienheureux Paul Miki, Jean Soan ou de Goto, Jacques Kisaï, ainsi que les bienheureux Martyrs Japonais de l'ordre Séraphique, Pierre Baptiste, Martin de l'Ascension, François Blanco, François de St-Michel, Gonzalve Garcia, Philippe de Jésus, Paul Suzuki, Gabriel du royaume d'Iche, Jean Kizuia, Thomas, du royaume d'Iche, François, Japonais, Thomas Kosaki, Joachim Sekiori, Bonaventure, Japonais, Léon Carasuma, Mathias, Japonais, Antoine, Japonais, Louis, Japonais, Paul Yuniki, Michel Cosoki, Pierre Lekeichiin, Cosme Rakia, François Fahelan, auxquels Nous avons joint le bienheureux Michel de Sanctis, de l'ordre de la Ste-Trinité, pour la rédemption des captifs, de la stricte observance. Nous les avons inscrits au catalogue des Saints, statuant que leur mémoire, que nous avons vénérée solennellement Nous-même dans la célébration de la messe qui a suivi, soit rappelée tous les ans, dans l'Église universelle, le cinquième jour de février; et c'est dans la plus grande joie de Notre cœur, comme Nous l'avons clairement témoigné dans le discours que Nous adressâmes à cette immense assemblée du clergé et du peuple, que nous avons accordé une indulgence de sept ans et de sept quarantaines, à ceux qui vénéreraient les reliques de ces saints Martyrs, au jour anniversaire de leur fête, et une indulgence plénière à tous ceux qui avaient assisté à cette cérémonie solennelle.

§ 19. Que la famille entière des nations se réjouisse donc dans le Seigneur, que tous fassent retentir des chants d'allégresse en l'honneur du Dieu qui, veillant sur son Eglise avec une tendre miséricorde, ne cesse de l'édifier chaque jour par les illustres exemples des justes, de la fortifier par leurs mérites et leur assistance. Que tous comprennent bien, à l'exemple de ces très-glorieux martyrs, prémices de l'Eglise du Japon, cette admirable sentence de Notre-Seigneur Jésus : que nous devons être attachés sur la croix avec lui, soit d'esprit, soit de corps, et qu'il n'est point digne du Christ celui qui n'aura pas su porter sa croix. Dieu lui-même nous consolera dans toutes nos tribulations et nous fera trouver du profit au milieu de la tentation. Après le combat, le triomphe, après un petit nombre d'épreuves viendra la multitude des consolations. Puisse enfin cette vérité pénétrer l'esprit des hommes et captiver leur cœur. Alors brillera pour la terre cette paix, que, par nos vœux les plus ardents et par les prières réunies de tous les fidèles, nous demandons depuis longtemps au Dieu très-bon et très-grand, et que nous ne doutons nullement d'obtenir.

§ 20. Nous avons voulu porter tout ce qui précède à la connaissance de l'Eglise universelle et donner ces lettres pour en perpétuer la mémoire, enjoignant que toutes les copies écrites ou imprimées, signées par un notaire public et munies du sceau d'une personne constituée en dignité ecclésiastique, obtiennent partout la même foi qu'obtiendraient les présentes lettres, si elles étaient montrées et exhibées.

Qu'il ne soit permis à aucun d'enfreindre cet acte de définition, décret, commandement et volonté, de Nous émané. Si quelqu'un par une audace téméraire voulait y contredire, qu'il sache qu'il encourra l'indignation de Dieu tout-puissant et de ses saints Apôtres Pierre et Paul.

Donné à Rome, à Saint-Pierre, l'an de l'Incarnation du Seigneur 1862, le 6 des Ides de juillet, la dix-septième année de Notre pontificat.

† Moi, PIE, Evêque de l'Eglise catholique.

(*Suivent les signatures de 60 Cardinaux*).

Imprimatur :

† FLORIAN, ARCHEVÊQUE DE TOULOUSE.

LITANIES DES SAINTS MARTYRS JAPONAIS.

Kyrie, eleison.
Christe, eleison.
Kyrie, eleison.
Christe, audi nos.
Christe, exaudi nos.
Pater de cœlis Deus, miserere nobis.
Fili Redemptor mundi Deus, miserere nobis.
Spiritus Sancte Deus, miserere nobis.
Sancta Trinitas unus Deus, miserere nobis.
Sancta Maria sine labe Concepta, Ora pro nobis.
Sancta Dei Genitrix, Ora pro nobis.
Regina Apostolorum, Ora pro nobis.
Regina Martyrum, Ora pro nobis.
Sancte Michael Archangele, Ora pro nobis.
Omnes Sancti tutelares Japoniæ Angeli, Orate pro nobis.
Sancte Joseph, Ora pro nobis.
Sancte Francisce Xaveri, Japoniæ gentium Apostole, Ora pro nobis.
Sancte Petre-Baptista, Ora pro nobis
Sancte Martine,
S. Francisce,
S. Francisce,
S. Gondisalve,
S. Philippe,
S. Paule,
S. Joannes,
Ora pro nobis.

S. Jacobe,
S. Paule,
S. Gabriel,
S. Joannes,
S. Thoma,
S. Francisce,
S. Thoma,
S. Joachim,
S. Bonaventura,
S. Leo,
S. Mathia,
S. Antoni,
S. Ludovice,
S. Paule,
S. Michael,
S. Petre,
S. Cosma,
S. Francisce,
Ora pro nobis.

Omnes Sancti Martyres, Orate pro nobis.
Agnus Dei, qui tollis peccata mundi ; — Parce nobis, Domine.
Agnus Dei, qui tollis peccata mundi ; — Exaudi nos, Domine.
Agnus Dei, qui tollis peccata mundi ; — Miserere nobis.
Christe, audi nos.
Christe, exaudi nos.

℣. Orate pro nobis Sancti Martyres :

℟. Ut digni efficiamur promissionibus Christi.

OREMUS.

Deus, qui primitias fidei apud Japoniæ gentes Beatorum Martyrum tuorum Sanguine confirmasti ; concede propitius, ut ad tui nominis confessionem, quorum excitamur exemplis, eorum precibus adjuvemur. Per Dominum.

Vu et approuvé : AUGUSTE, évêque du Puy.

TABLE DES MATIÈRES.

BIBLIOTHÈQUE IMPÉRIALE

Toulouse, Typ. de Bonnal et Gibrac.

www.ingramcontent.com/pod-product-compliance
Ingram Content Group UK Ltd.
Pitfield, Milton Keynes, MK11 3LW, UK
UKHW021057260726
13994UKWH00002B/552

9 782329 327174